这些年的那些网事

十余年来，中国网民用他们理性和感性的力量，用他们倾江倒海、攻城略地的气势，传递着社会的正能量，彰显着世界的真善美，同时也倾诉着身处巨变环境中的他们的苦闷、愤怒、孤寂、空虚与无聊！

张　军　夏兴通　秦宇霞
夏　青　陈媛媛　易法万
陈建华　王世立　徐　勇

WUHAN UNIVERSITY PRESS
武汉大学出版社

图书在版编目(CIP)数据

这些年的那些网事/张军等编著. —武汉: 武汉大学出版社,2013.6
ISBN 978-7-307-10774-8

Ⅰ.这… Ⅱ.张…[等] Ⅲ.社会问题—研究—中国 Ⅳ.D669

中国版本图书馆 CIP 数据核字(2013)第 100414 号

责任编辑:夏敏玲 谢超凡 责任校对:刘 欣 版式设计:韩闻锦

出版发行:**武汉大学出版社** (430072 武昌 珞珈山)
(电子邮件:cbs22@whu.edu.cn 网址:www.wdp.com.cn)
印刷:武汉中科兴业印务有限公司
开本:720×1000 1/16 印张:17.5 字数:226 千字 插页:1
版次:2013 年 6 月第 1 版 2013 年 6 月第 1 次印刷
ISBN 978-7-307-10774-8 定价:36.00 元

序　言

这是一个网络大发展的时代，也是一个社会结构大裂变的时代。

15 年前，中国互联网络信息中心（CNNIC）发布《第一次中国互联网络发展状况统计报告》称，截至 1997 年 10 月，中国网民人数为 62 万；然而到 2012 年 6 月，该中心统计出的中国网民数量已达到 5.38 亿，接近中国总人口的 40%。作为这两年兴起的新型网络现象，微博的发展速度更是迅如风偃草场。2012 年 9 月 20 日，中国互联网数据中心（DCCI）发布的《中国微博蓝皮书》显示，中国微博用户已达到 3.27 亿；而前一年的 6 月，这一数据还只是 1.95 亿；再前一年的 6 月，这一数据更只有 0.63 亿！事实已经证明，我们正处于一个社会网络化的时代，正处在一个向着更新、更深层次发展的网络化时代！

由于具体的人的活动的缺场，网络空间一直是被称作虚拟世界，它打破了绝对的时空观念，向一切网民开放，是一种典型的快捷的大众传播方式。和传统产权、行政权、资源配置权等实体权利不一样的是，它赋予每一个网民以网络空间的信息权，每一个网民都拥有发布信息、表达观点、抨击时弊的条件和能力，都成为信息权的掌握者和施行者。也就是说，信息权不再仅仅掌握在政治领袖、思想家和神职人员的手里，平民百姓也有了信息权，并且由于这一群体数量庞大，甚至往往还能形成倾江倒海的气势；同时，这一权利的运行也不再仅仅是自上而下的，更多时候则是自下而上地“逆袭”着。

这就颠覆了以往我们视网络空间为虚拟世界的传统判断。不是吗？现实的交往中，出于制度、礼节和实际需要等方面的原因，我们所见的、所闻的，有多少是伪饰与假象，虚情与假意，或是口是而心非的官话和套话！然而，虚拟世界里的哪怕只是一字一句的偏激之语，何尝不是衷心发出的？何尝不是肺腑之言？由此看来，这个缺场的活动空间却是一个比在场活动更为真实的现实世界！

这也就让我们看到了网络世界的另一面——无边界、无规则与无制度的缺场的群体，可以借助网络沟通的快捷与广阔，发酵膨胀沟通的效率和传播效率，从而使网络成为社会事件的“放大器”和“扬声筒”。埃及的反政府示威活动、利比亚的反独裁斗争、法国的罢工浪潮、美国的占领华尔街运动，从非洲到欧洲，再从欧洲到美洲，世界的哪一处角落能远离网络化的影响?!

再看看我们身边，十余年来，网络带给我们的影响又是何其巨大和深刻！试想一下，倘使没有互联网的作用，只怕孙志刚死了也就死了，那个充满黑暗和歧视的收容法还会继续作恶；只怕周正龙的假虎照早已成了华南虎的标准照，当地也早已圈地拆房，大兴土木，建立起了省级乃至国家级的自然保护区；只怕信义兄弟的生死接续，也仅在几十个民工口中传颂，时代的浪潮很快就会淹没这人间道义的正能量；只怕“表哥”杨达才还在低调地大肆受贿，雷政富继续当他的区委书记，刘铁男还在继续担任国家能源局局长，玩着“左手搏右手”套购国有资产的游戏……而恰恰就是这通达世界的网络，让我们见证了这个社会的变迁和进步，看到了这个世界的真善美，也目睹了这个群体的假恶丑。它提升了我们每个人的主体意识，也强化了不少个体的苦闷、孤寂、空虚与无聊。至于某些别有用心者利用它来传播淫秽色情与暴力内容，散发个人的失意与不满，制造诽谤和谣言，也让我们领悟了网络毒化社会的另一面。

正如西班牙裔美籍学者曼纽尔·喀斯特在其《网络社会的崛起》一书中所言：这个新的社会组织形式以及普遍的全球性，扩散到了全世界，一如工业资本主义及其孪生敌人——工业国家主义在 20 世纪所做的那样，它撼动了各种制度，转变了各种文化，创造了财富，又引发了贫穷，激发了贪婪、创新，同时强加了苦难，输入了绝望。不管你是否有勇气面对，它的确是一个新世界。

我们这本书就是对这十几年来我们创造的这个新世界所走过的历程的记录和评述，它虽不全面，相信荦荦大端俱在；它虽不久远，相信却能够勾起你尘封多时的记忆！

网速虽在加快，网事虽然日新，但回首过去，追寻来踪，对你我放眼未来，辨伪识丑，对广大网民更理性地表达自己的网上权利，应该是不无裨益的！

是为序。

张 军

2013 年 5 月 28 日

目　录 *Contents*

网转乾坤

名人名事

成就草根

网词网事

舆情民意

感动中国

网指贪腐

网转乾坤

制度是什么？美国社会学家康芒斯说，制度是规范和约束人们行为的机理。管理学家说，任何制度从它开始设立的那一刻起，就不是尽善尽美的，需要不断改造和完善。这二三十年来我们社会发展的成就，特别是经济发展的成就，毫不夸张地说，在向城镇化、工业化、现代化方面，我们大大地向前迈进了。然而制度层面呢？或是当初为了“方便管理”，或是为了“维护秩序”，或是仅仅反映的是前一个时代的思想和观念，致使近些年来我们生活中出现了许多诸如制度缺位、执法不公，甚至制度与法律龃龉冲突的漏洞和矛盾，出现了许霆取款案中新案旧法的无奈，“萝卜招聘”现象中的血缘世袭怪状，甚至出现了“钓鱼执法”的荒唐，路桥收费的疯狂，而可怜的孙志刚，还为一项违法的收容派遣制度丢掉了性命！

开车的人都有一个感觉，车速越快，视线越差。比之我们的社会也是这样，发展越快，制度滞后的现象就会越来越多，弊端漏洞就会越来越大。

好在网络时代的人们，自主意识正在不断增强。就在不合理、不公制度肆虐的时候，千百万网民通过网络这个平台表达了他们对制度公平的强烈诉求，也终究扳开了现行制度之门的几许缝隙，让缕缕阳光照进浑浊的屋子，甚至校正了偏离正轨的制度之轮，让公平和正义重又回到制度的怀抱，这不能不说是网络的胜利，网民的胜利，虽然有些苦涩和沉重。从这个意义上来说，这些网民既是不公制度受害者的同路人，也是这个社会前行进步的建设者，值得人们尊敬。

终结一项制度的祭品

——孙志刚事件反思

海伦·凯勒写过一本书——《假如给我三天的光明》。通过该书，她用对生命的感悟传递给世界无限的正能量，而一个叫孙志刚的年轻人在经历了三天从生到死的命运后，用生命终结了一项不合理的制度。

为世人受刑的耶稣死后复活了，传达了永生的理念，而一个叫孙志刚的年轻人却在传统制度的祭台上永远变成了祭品。

这巨大的命运转折点，只是源于一纸暂住证。

2003 年 3 月 17 日深夜，在广州打工的孙志刚出门上网，因没带身份证和暂住证，在广州街头被天河区公安分局黄村街派出所民警带回派出所询问。他在派出所打了一个电话给朋友，要求对方把他的身份证送到该派出所。但当这位朋友到达派出所后，发现孙志刚已经被作为“三无”人员送至天河区公安分局收容待遣所，后又被转送至广州市收容站及收容人员救治站，三天后他离奇地死在收容所的救治中心里，年仅 27 岁。

孙志刚是湖北黄冈人，毕业于武汉科技学院。其时，刚到广州不久的他正在广州达奇服装公司担任美术平面设计师，有正常住所、合法工作和合法身份证件，非“三无人员”，并不符合收容条件。

对于孙志刚的离奇死亡，官方最早的说法是孙志刚因病死亡，而对于一个身体健康的青年人来说，这样的说法自然让人难以置信。正在此时，《南方都市报》深度报道部记者陈锋在西祠胡同网站桃花坞版块上看到一则简短留言，说有个来自湖北的大学生在广州收容所里离奇死亡，家属正在四处申诉。很多记者对这条新闻线索没有过多关注，但刚刚到广州的陈锋看到线索后马上向部门主任汇报，得到认可后立即与专跑广州当地新闻的记者王雷合作，经过一番艰苦的采访，他们终于将孙志刚进收容所后被打死的事情调查清楚。4 月 25 日，这两位记者写成的六千多字的报道《一大学毕业生因无暂住证被收容并遭毒打致死》在该报刊发。

此事一出，立即在网上引起了广泛关注，互联网上抗议声浪此起彼伏，眼泪“一夜间洒满了互联网”，网民强烈要求有关部门严惩元凶，公开透明地处理孙志刚事件，从而形成声势颇大的舆论浪潮。有网友撰文《天堂不需要暂住证》以示悼念；人民网以《谁为一个公民的非正常死亡负责》为题转载了《南方都市报》的报道，几个小时内的跟帖就达到上万条。不几天，google 简体中文网站上就可检索出四万多条与“孙志刚”相关的信息。纪念孙志刚的网站一建立，几天之内就有 25 万人次浏览。

5 月 8 日，人民网发表了网民“锦绣文”的文章《谁在装聋作哑》，谴责多个部门对孙志刚事件相互推诿，调查不力。此篇文章成为孙志刚事件出现转机的重要转折点，据一位了解孙志刚案件调查经过的人士介绍：“署名‘锦绣文’网友的文章《谁在装聋作哑》，在一定程度上增加了公安部门侦破案件的决心。”

在中央高层和网民的督促下，该案迅速水落石出。后经调查，孙志刚在被收容期间遭到同房八名被收治人员轮番殴打，因大面积软组织损伤致创伤性休克死亡。后经法院审理，六名主犯被判处死刑，其余犯罪人员被判死缓及其他徒刑。此外，23 名各级官员受到不同处分。

孙志刚死了，27 岁的年轻生命悲愤地死了，但他的死唤起了人们对自身生存环境的反思。

首先是对收容遣送制度的反思。根据许多大中城市（北京、上海、广州）当时的规定，外来务工人员必须办理暂住证，否则视同流浪者。警察有权抓捕这些没有暂住证的人，并把他们遣返原籍或者关押于收容所。收容所据称是为了帮助在城市的无业游民返回家乡，但是，在实行过程中，警察往往只锁定那些没有职业的外来农民工、流浪者、乞讨者等弱势群体；同时部分收容所员工不但不是弱者的救助者，反而是对被收容者进行敲诈勒索甚至辱骂殴打的违法行为的实施者。可以说，孙志刚事件是收容遣送制度黑暗的典型暴露。

正因如此，2003 年 5 月 14 日，中国政法大学许志永、滕彪、俞江三位法学博士以普通公民的名义上书全国人大常委会，要求全国人大常委会对国务院的《城市流浪乞讨人员收容遣送办法》进行违宪审查。随后，贺卫方等五位学者也以公民的名义再次联合上书全国人大常委会，就孙志刚案及收容遣送制度的实施状况提请启动特别调查程序，就此开启了中国违宪审查第一案的动议。

当年 6 月 20 日，国务院颁布第 381 号令，以新的《城市生活无着的流浪乞讨人员救助管理办法》终结 1982 年 5 月颁布的《城市流浪乞讨人员收容遣送办法》，由此将一项已经实施长达二十余年的问题制度送进了历史的垃圾堆，在相当大的程度上推进了中国的法制进程。

其次是对互联网影响的反思。2003 年，网络已经在中国兴起，批评报道经过网络的二次传播后，效果往往呈几何数放大。孙志刚事件中，网民第一次集中表达了他们的如潮愤怒，这使国人开始认识到，在传统渠道之外，网络论坛也是表达民意的重要途径。网络民意已经不再是一团无形散漫、来去无踪的空气，而是一种能够对突发事件做出强力反应的有形存在。而网络媒体为了吸引网民的眼球和提升点击率，天生对批评报道感兴趣，这就使得批评报道在网络上往往能够得到快速传播，且由于网络突破了时间和区域的局限，使《南方都市报》这样区域性报纸的新闻报道最终能迅速传播到全国，扩大了媒体的影响力。

最后是有关决策部门对工作中管理方式的反思。孙志刚事件中，有关决策部门感受到了网络舆论日益增强的压力，以往只有权势阶层和知识精英才拥有话语权，而互联网上的网络论坛使得普通公众包括弱势群体、边缘群体也拥有了某种话语权。而高层对网络舆情予以承认和关注，也使得网络舆论在一定意义上和一定场合下已经不再是网民的“自娱自乐”和“自我发泄”，而是一种重要的话语渠道，这就使得有关决策部门不能不考虑改变工作中的管理方式，以更好地适应时代的进步与发展。

一宗案子的标本价值

——许霆取款案的法律意义

山西青年许霆恶意取款案，应该是自互联网成为公共舆论平台以来关注度最高的事件。

2006 年 4 月 21 日，由于广电运通金融电子股份有限公司进行系统升级，位于广州市天河区黄埔大道西平云路的广州市商业银行的一台自动取款机（ATM），一度出现故障。当晚 10 点左右，24 岁的山西省临汾市襄汾县小伙子许霆发现，他在 ATM 机里取了 1000 元后，银行卡里显示只扣掉 1 元；他尝试着再取一次钱，还是取 1000 元扣 1 元……于是，许霆利用他银行卡里 170 多元的余额，分 171 次从 ATM 机中提取了 17.5 万元，随即潜逃。一年后许霆在陕西宝鸡火车站被警方抓获。

但随后的案情定性和判决却让人大感意外。2007 年年底，经过一审，广州市中级人民法院将许霆案定性为“盗窃金融机构，数额特别巨大”，判处许霆“无期徒刑，剥夺政治权利终身，并处没收全部个人财产”。

一石激起千层浪，“许霆案”判决一问世，从网友到媒体，从坊间百姓到法律学者，一片哗然。见惯了贪腐分子动辄上千万甚至过亿元的数额而被判有期徒刑、缓刑的民众，难以忍受一个普通青年因 17

万余元被判处无期徒刑的事实。围绕许霆“罪与非罪”、“何种罪”、“如何判罚”等问题，媒体和网络成为公共阵地，各种观点层出不穷，广州市中级人民法院的一审判决引起了公众的强烈质疑。

2008 年 3 月 31 日，广州市中级人民法院二审宣判，被告人许霆犯盗窃罪成立，且数额特别巨大，依法本应适用“无期徒刑或者死刑，并处没收财产”的刑罚；但鉴于许霆是在发现银行自动柜员机出现异常后产生犯意，采用持卡非法窃取金融机构经营资金的手段，其行为与有预谋或者采取破坏手段盗窃金融机构的犯罪有所不同；从案发具有一定的偶然性看，许霆犯罪的主观恶性尚不是很大。根据本案具体的犯罪事实、犯罪情节和对社会的危害程度，最终判决许霆犯盗窃罪，判处有期徒刑 5 年，并处罚金 2 万元，追缴许霆的犯罪所得 173826元，发还受害单位。

从“无期”到“五年”，从处以“没收全部个人财产”到处“罚金2 万元”，正是在强大“民意”的推动之下，许霆跨过了这道不可能逾越的坎，换来了以后的尚可救赎的人生。当初，许霆被判无期徒刑的结果之所以令公众感到“恐惧”，是因为这将我们每个人可能遇到的诱惑置于不等同的判罚标尺线内，强势者重罪轻罚，弱势者轻罪重罚。而二审的结果，则让法学专家、新闻媒体、广大网民看到了法律公正的回归。这一案件的改判，应该说是民意的胜利，是社会舆论在寻求公平正义中的又一次成功着陆。

当然对二审结果的认识，亦有不一致的看法。有人认为这起案件是典型的“舆论干预司法”，“媒体审判妨碍司法”，不利于司法独立。我们认为执着于法律专业领域的争议，对推进中国法治进程，或许有较大的意义，对“司法独立”的片面理解，则可能使司法不能真正独立。

实际上，我们在“许霆案件”中看见的民意，应该归纳为对司法公平的监督，对正义的呼唤，而不是对司法程序本身的干扰。

许霆案件引发舆论的因素主要在三个方面：一是改革开放以来对权力阶层贪腐案件量刑标准的“与时俱进”，而对普通刑事案件“盗窃罪”的量刑标准多年不变，这二者形成鲜明的比照，让公众产生严重的不公平感。广州中院对许霆按照“数额特别巨大”的盗窃罪判处无期徒刑，遵循的是最高人民法院1998年对盗窃罪的司法解释，但这个数额标准已经不符合目前社会经济发展的现状。二是银行系统长期以来的垄断行为、霸王习气、不作为现象所表露出来的“恶”始终受保护，与以许霆为代表的一些消费者偶尔表露出来的人性中的“恶”被严厉惩罚，这二者之间的不公平激发了公众的不满情绪，助推了舆论风潮。三是法律在许霆案件中“此罪彼罪”显现出的模糊性令人不满，广州中院以“盗窃罪”审判许霆案件并不能完全令人信服。综合起来看，民意表达的恰恰正是一个核心的诉求：公平正义。

但同时我们也应看到，舆论和民意换来的只是个别案件结果的相对公正，而要在全社会实现公平正义，如果仅仅依靠民意，那则是一种危险的信号。法治国家的建设，只有大力提高立法和司法水平，切实保障司法独立，才能真正放下对民意之“多数人的暴政”的依赖和担忧。

弱者的回击

——邓玉娇案

邓玉娇案，又称邓玉娇刺官案，案发于2009年5月10日晚。

当晚，时任湖北巴东县野三关镇政府招商办公室主任的邓贵大和时任野三关镇农业服务中心副主任的黄德智等人酒后到雄风宾馆梦幻城玩乐，他们在强迫宾馆服务员邓玉娇陪其洗浴遭拒后，对其不断进行纠缠、辱骂。在遭到搧击和强行侵犯的情况下，邓玉娇从随身携带的包内掏出一把水果刀起身刺击。邓贵大因伤势严重，经抢救无效死亡；黄德智右臂受轻伤。

此案发生后立即轰动全国，邓玉娇被许多民众称赞为“当代烈女”，网络上立刻出现《烈女邓玉娇传》、《侠女邓玉娇传》、《生女当如邓玉娇》等赞誉之文，舆论几乎呈一边倒之势——纷纷攻击淫官邓贵大、黄德智等人。然而判决究竟会如何？谁也不知道。有人声援她，认为应无罪释放；也有人认为应以法律为大，处以刑罚。

最终判决是邓玉娇的行为构成故意伤害罪，但免予刑事处罚，这当然是考量了情和法两个方面的因素的结果，国人的焦虑也得到一定程度的释然。然而这个案子留给人们的思考却远远没有完结。

首先是这起发生在偏远乡镇的案件，使人们看到了某些官员身上浸透着的堕落之气和流氓做派。在他们的身上，看不到理想和情操，看不到正气和宗旨，看不到为人民服务的热情；看到的是无所事事和吃喝玩乐。他们有权，所以作威作福、颐指气使；他们有钱，所以拿钱追求刺激，满足不了，便拿出流氓手段逞威风，更何况是在他们的地盘上呢！因而邓玉娇案只是这个社会政治与生活的一幅小像，这个时代毛细管上的一个照影罢了。

其次，在这场网络舆论与社会法律共同作用的案件中，国人受到了一次法治和公平知识的教育。从法律的角度来看，本案死者的死和弱者的血性，都是值得讨论的话题，而不仅仅像网民们对弱者大加赞扬那样简单。所有针对性评价的言论都是在追求公正的过程中自由产生的思考。

最后，若不论这个案件的严密法理分析和感性诉求剖白，单就社会学角度而言，一个弱者的回击其实代表着整个群体的不满和压抑，其在广泛程度上引起公众的共鸣原因也就在于此。

当然，这起案件不是整个社会法治化和公平正义的实现，它只是一个起步。我们要做的是，如何涤荡肃清这种浸淫已久的官僚的放肆，不让下一个“邓玉娇”出现，这才是最急迫的事。

当个人利益撞上传统美德
——谈范跑跑事件

范跑跑，本名范美忠，四川省都江堰市光亚中学的一位普通教师，得名范跑跑是因为汶川地震发生时他那惊人的一跑。

话还得从2008年5月12日下午2点28分说起，当地摇山动、墙倾壁坍的地震发生时，正在教室上课的范美忠瞬间反应过来后，猛然直冲楼梯，成为第一个到达足球场避难的人！几分钟之后才有学生陆续来到操场。十天后，范美忠在天涯论坛写下了地震亲历日记。他在文中描述了此事的前后经过，并说："我是一个追求自由和公正的人，却不是先人后己勇于牺牲自我的人！在这种生死抉择的瞬间，只有为了我的女儿我才可能考虑牺牲自我，其他的人，哪怕是我的母亲，在这种情况下我也不会管的。"

这番惊世骇俗的大胆表白，引起了网民铺天盖地的批评与谩骂。网名"五岳散人"在博客上发表《自由与道德——从"范跑跑"事件说起》一文，"范跑跑"一词就这样出现了，并成为范美忠的网上别称。此后，网上开始激烈讨论范美忠的行为及言论，但批判的声音最为集中。

6月2日，人民网论坛发表评论《范美忠给国人出了个难题：我可以不做英雄吗?》。文章写道：范美忠的诚实让我们很为难，既要赞许其诚实的可贵，又要谴责其对“争当英雄”传统美德的冲击。这怎么办呢？难道为了维护传统美德的尊严，而把范美忠的诚实一块谴责？这显然不行！因为诚实也是中国人的传统美德。

当社会舆论呈现出斥责范美忠的一边倒情形时，6 月 7 日凤凰卫视“一虎一席谈”播出《范美忠不顾学生逃跑是不是失职?》专题节目，让范美忠事件出现重大转机。在节目中反对范美忠的网络评论家郭松民对范大加指责与谩骂。然而节目播出后，郭被网民指责为“郭跳跳”、“伪君子”，支持范美忠的人数开始大幅上升。范所在的都江堰光亚中学校长电话表示：范美忠爱职业爱学生，不会开除因言获罪的人。

但有意思的是，范美忠不久还是被光亚中学解聘了，据说是受到了上级主管部门的压力才做出这一决定的。

6 月 25 日，教育部新闻发言人在接受《中国经济导报》记者采访时对范美忠事件发表看法，认为：“我们可以不崇高，但是不能容许无耻!”

6 月 26 日，教育部在其官方网站上公布了新修订的《中小学教师职业道德规范（征求意见稿)》，“保护学生安全”这一条被首次加入其中，网上开始了教师法与道德条例实施细则的大讨论。

可以说，这一系列的讨论是范跑跑事件的最大贡献。讨论初期，大多数网友都认为，身为责任人的范美忠选择逃跑，让人难以接受，并对其大加伐斥。然而，当多数人用道德的观念来抨击他时，一些人又站到同情范美忠的立场做换位思考——“当房子倒塌时，老师丢下学生独自逃生，这可能并非深思熟虑的结果，而是人在危险降临时的一种本能反应，这种本能虽然不道德，但可以原谅，因为每个人身上也许都有这种本能，这种本能只是没有尽自己的道德责任去救助别人，并没有伤害到别人的利益。”① 就此而言，范跑跑事件的重要意义并不在于对他个人品质的好坏的认定，而是在这个讨论过程中，从公众对范跑跑态度的变化而反映出的社会舆论氛围的开明和自由。这是中国社会整体氛围的一次大梳理，借此事件为契机，让人们感受到了社会整体对主流道德价值原则的维护，和对个人表达权力的宽容。

而这体现的恰恰就是一种社会的进步！

① 曹林：《有感于光亚校长希望骂那些修楼修垮的人》，《珠江晚报》，2008-06-10.

视听误人无商量
——彭宇撞人案

做好事本是中华民族的传统美德，但近年来做好事遭遇尴尬，甚至摊上大事、惹上官司的怪事屡屡出现，在道德、法律的争议中，在真相的重重迷雾中，人们开始深思。

2012 年 1 月，凤凰网的一篇题为《南京官方披露：彭宇承认与徐老太碰撞》的新闻，勾起了人们一段尘封数年的回忆，一件撞人事件的杂陈五味再一次呈现在世人面前。

这起有争议的事件发生于 2006 年 11 月 20 日。当天早晨，64 岁的退休职工徐寿兰在南京水西门广场公交站等候乘车时摔倒在地，一位叫彭宁的小伙子将其搀起并送往医院，其间还代付了 200 元医药费。经诊断，徐寿兰摔伤致左股骨胫骨折，需住院施行髋关节置换术，费用需数万元。之后徐寿兰和家属咬定是彭宇撞了她，而彭宇则坚称自己做好事反遭诬陷。

2007 年 1 月，徐寿兰将彭宇诉至南京市鼓楼区法院，指认他将自己撞伤，并索赔包括医疗护理费、残疾赔偿金和精神损害抚慰金等共计 13.6 万元。当年 7 月，彭宇主动打电话给一位网站论坛版主，表示自己因做好事被诬告，将一个老太太扶起后反被起诉，希望媒体关注此事。该版主立即用短信方式将这一情况通报给南京十多家媒体和网站记者。在多家媒体的介入下，此案引发了一场轰轰烈烈的大讨论。就此，一起普通的民事纠纷升级为受到媒体和公众广泛关注的公共事件，成为舆论关注的焦点。

2007 年 9 月，南京鼓楼区法院按“推理分析”和“公平责任原则”作出一审判决，认定原、被告相撞事实，彭宇赔偿 4 万多元。网上引发激烈讨论，短短几天时间，天涯论坛关于此话题的一个帖子就有 31 万多次的点击率，上万人跟帖。网友们几乎一边倒支持彭宇，对判决表示不满。更有网友在凯迪论坛上发帖，呼吁给彭宇捐款。一些情绪激愤的网民甚至在网上针对徐老太太和其儿子以及相关人员发布“第一号网络通缉令”。当天，徐老太太、其儿子、审判长的住址和电话号码等私人信息被公布在天涯论坛上。

此案引发了有关社会道德的大讨论，且后续影响不断。有多起与彭宇案类似的纠纷出现，被舆论纷纷冠以“某地彭宇案”。而且此事经数年发酵，逐步演化为社会道德滑坡的“反面典型”，成为社会“道德滑坡”的“标志性事件”。

然而舆论和公众认知的彭宇案，并非事实真相。2012 年凤凰网刊出《南京官方披露：彭宇承认与徐老太碰撞》：南京市政法委书记刘志伟接受《瞭望》新闻周刊专访时指出，事实真相是：徐寿兰（徐老太）经过一辆公交车后门时，彭宇正从这辆车后门第一个下车，双方在不经意间发生相撞。彭宇最后也表示，当时徐寿兰确实与他发生了碰撞，这起事件 4 年前已经和解，彭宇一次性补偿徐寿兰 1 万元。因为和解协议中规定双方均不得在媒体（电视、电台、报纸、刊物、网络等）上就本案披露相关信息和发表相关言论，因此此案的最后结果并不为民众所知。

可是，为什么一起经法院审结、当事人已和解的普通人身损害赔偿纠纷案，竟然在公众舆论中成了“好人被冤枉”、“司法不公”的典型案例，并被斥为社会道德滑坡的标靶呢？一审判决认定双方相撞的事实和结论并没有错，但审理中一些不恰当的分析推论，加深了对信息的误读。比如法官根据“日常生活经验”和“社会情理”分析，彭宇“如果是见义勇为做好事，更符合实际的做法应是抓住撞倒原告的人，而不仅仅是好心相扶”；彭宇如果是做好事，在原告的家人到达后，其完全可以言明事实经过并让原告的家人将原告送往医院，然后自行离开，但彭宇“未做此等选择，显然与情理相悖”；对事发当日彭宇主动为原告付出200多元医药费，一直未要求返还的事实，法官认为，这个钱给付不合情理，应为彭宇撞人的“赔偿款”，等等，这些推论迅速被一些关注此案的媒体抓住、放大，引起公众的普遍质疑与批评。随后不断升温的新闻报道将对此案的事实判断上升为价值判断，造成“判决不公”，“彭宇做好事反遭诬陷赔偿”的假象，在道德追问中忽略了对事实真相的探究。

此外，彭宇案在一审期间，由于媒体的高度关注和连续报道，包括原、被告及法官等当事人均不堪外界骚扰。在家养病的徐寿兰老人不断接到陌生人的谩骂攻击电话，指责她“诬陷好人”；蹲守在她家门口的记者，一次次强行将话筒递进来要求采访。彭宇面对一拨又一拨的记者和来自各方的诘问，也深感烦恼。而双方的调解内容没有再向媒体披露，造成公众对此事的进一步误读。

彭宇案最终尘埃落定，它折射出公众对社会良俗和公共道德的呼唤和期待。①

① 本文参考《彭宇案大逆转：当事人承认与徐老太碰撞》，东方网，2012-01-18。

“钓鱼执法”

——是为义还是为利?

2009年，一个新词汇在网络和社会上流传——“钓鱼执法”，亦称“倒钩执法”。这事国外也有，英美等国把它叫做“执法圈套(entrapment)”，意指当事人原本没有违法意图，但在执法人员的引诱之下，从事了违法活动。如执法人员假扮嫖客，引诱妓女拉客，从而抓捕妓女。需要强调的是，这种行为如果运用不当，将致人犯罪，诱发严重的社会问题。

中国内地的网友把执法人员“钓鱼执法”解释为：发现没人犯法，为了绩效怎么办呢？就故意下好犯法的套让你去钻；你一钻，他们就把你收了，你就是鱼了。

这样一解释，似乎不少人都想起有过被“倒钩”、被“钓鱼”的经历或认知。只是面对严肃的执法者，多数人选择沉默、认罚、走人，不会申诉，也不会声张。

谁知上海滩出了一个倔强的小伙子，他以自己的身体为代价，以鲜血为笔墨，教会了人们如何认识“钓鱼执法”。这个18岁的小伙子名叫孙中界——与国父孙中山的名字竟然只有一字之差，似乎犟得有点道理吧！

事情的原委是，2009年10月14日晚，孙中界驾驶公司的金杯面包车，沿上海市闸航路自西向东行驶，准备到上海市南汇区航头镇接人。孙中界进入浦东区域，出于同情和好心，捎带了一名素不相识的男子——“钩子”，遂被几名自称是执法大队的便衣男子扣车处罚。原本想做件好事，现在竟受此冤枉，孙中界气愤难平，于是回到租房处，挥刀砍掉了小手指，他的哥哥闻讯赶来时，他的手指已被砍断，只剩下一点肉皮连着，血流得满手都是。他的哥哥立马将其送往医院，并向媒体投诉。《东方早报》等上海媒体对此进行报道，由此引起轩然大波。

遇到了较真的上钩者，遇到了“好事”的新闻媒体，执法者如果及时采取妥当的公关手段，向当事人道歉，承认错误，迅速平息事态，也许“钓鱼执法”一词会晚一些时候才为世人所知，或者至今为人所不知。

谁知孙中界倔强，便衣执法者和他们所在的单位也不含糊。10月20日，上海市浦东新区政府向外界透露，经全面核查，原南汇区交通行政执法大队一中队于10月14日晚在浦东新区闸航路188号附近，当场查获的孙中界涉嫌非法营运行为，事实清楚，证据确凿，适用法律正确，取证手段并无不当，不存在所谓的“钓鱼执法”问题。

到底谁在撒谎？执着的新闻媒体持续关注和报道“钓鱼执法”事件，逐渐还原了事实真相。

10月26日，上海浦东新区就沸沸扬扬的“钓鱼执法”事件召开新闻发布会，区长姜樑承认原南汇交通运输执法大队对孙中界的取证手段不正当，此前相关部门对该事件的调查简单草率，结论与事实不符，误导了公众和舆论。发布会上披露的“联合调查组”的调查结果表明，在“断指”车主孙中界案中，确有“钩子”出现。

随后，上海市政府要求各区县的执法部门全面整顿，做好事后的赔偿工作。该要求指出，从2006年1月1日起，凡是被采取不正当手段查获的车辆，车主可以到交通执法部门领取罚款并要求退还车辆。

同时，要求广大市民积极提供线索，争取早日将那些“钓鱼”的组织者和实施者抓捕归案。上海市公安部门成立了打击“钓鱼执法”专案组。

沸沸扬扬的“钓鱼执法”就这样结束了，但此事留给人们的思索却并未完结：

第一，“钩子”是什么？上海人把“钩子”又叫“钓钩”。“钓钩”往往有三个特征：一是引司机到埋伏区，二是“试图拔车钥匙”，三是往往携带录音设备。有经验的老司机估计，整个上海市至少有上千个“钓钩”。知情人士透露，“钓钩”每“钓”到一位私家车司机，便可获得200~600元人民币。“钓钩”用这些钱准备录音笔等工具。一个成熟的“钓钩”，月收入少则两三千元，多则五六千元，而管理这些“钩子”的“钓头”每月能净赚1万至2万元。原来，“钩子”就是专门引人进入违法陷阱的“诱饵”。“钩子”是上海特产么？恐怕不是，只是各地的说法不同而已。

第二，执法为什么要“钓鱼”？

这似乎复杂一些，下面我们从两个层面来解析。

首先，“钓鱼执法”有法可依。上海市政府2006年出台的60号令《上海市查处车辆非法客运规定》被认为是上海首部打击黑车的法规。规定提出，现场录音、录像可以作为认定“非法运营”的证据。60号令受到执法部门的欢迎，上海市城市交通行政执法总队总队长张立伟在接受媒体采访时称，作为专门针对整治非法营运的规章，《上海市查处车辆非法客运规定》在取证、执法、处罚方面有了明显突破，对正在开展的查处非法营运行动提供了强有力的法规支撑，为解决困扰检查中存在的取证难、执法难、处罚难提供了法律援助。此后，“钩子”们开始携带录音笔“作业”。

其次，执法者乐见其成。打击黑车的模式基本上是“以罚代管”，带着指标任务上街执法，既有压力，又有动力，是谓“执法经济”。

培养一批批“钩子”放出去，减少执法者与上钩者的正面冲突，而且一旦出事，可以把责任推给“临时工”，降低政治风险。年终总结实在不好写的话，还可以加上一条：“钓鱼执法”养着的一批“钩子”，提高了本区或本市的就业率，甚至可以提炼为“安置外来就业人口，打造安居工程”。

这样，“钓鱼执法”，既合理，又合情，还合法，更重要的是还获利颇丰，当然为地方所乐于仿行。但此举一来违背社会道德，践踏了法律威严；二来执法者良莠不齐，知法犯法，执法犯法，从而造成了社会正义感的缺失，激化了社会矛盾，误国害民，所以“钓鱼执法”不得人心，非禁不可。孙中界事件后，上海市乃至全国各地终于明文禁止“钓鱼执法”，充分说明了这一点。

从368万到49万

——河南天价路桥费的背后

世上许多事情颇具反讽意味，逻辑上滴水不漏，情理上却匪夷所思，这样一来，想让人不幽默还不行，虽然是黑色的。下面这则法院判案举证的事实，就让人很是忍俊不禁。

事实如下：8个月，两辆车，通行某高速公路2361次，逃避通行费368万余元，逃费人以诈骗罪被判处无期徒刑，剥夺政治权利终身，并处罚金200万元。对此，很多人的第一反应是：这是哪部电影的桥段？这编剧编得也太离谱了吧，连基本常识和逻辑都没有。不信，请看网友根据相关规定计算出的数值：368万元通行费，需跑8177777.8公里，每个月要跑1022222.2公里，按每月30天计算，每天需跑34074.07公里，按每天24小时算，每小时需跑1419.75公里。于是网友质疑道：这是一条神马样的公路？一天需要缴纳过路费15333元？这是一个神马样的农民？一天奔跑34074.07公里，外星人速度是多少？这是一辆神马样的货车？每小时奔驰1419.75公里，宇宙飞船速度多少？

然而河南省平顶山市人民检察院的指控材料就是这样写的：2008年5月4日至2009年1月1日，河南农民时建锋为牟取不当利益，非法购买伪造的武警部队士兵证、驾驶证、行驶证等，并购买两副假军用车牌照，悬挂到自己购买的两辆自卸货车上，雇用他人驾驶车辆，通行郑石高速公路运送沙石，累计骗免通行费 368 万多元。平顶山市中院审理认为，时某以非法占有为目的，虚构事实，隐瞒真相，骗取河南中原高速公路股份有限公司免收其通行费，致使国家经济损失达 368 万多元，数额特别巨大，其行为符合诈骗罪的构成要件，已构成诈骗罪，遂作出上述判处结果。

此事经网媒报道后，引起网友强烈质疑。

对此，审判长娄彦伟介绍说："主要是（时某）逃费时间长，涉案金额比较大，还专门办理了各类假手续，从手段、行为、后果来考虑，经过合议庭和审委会的讨论，最终做出这一判决。"娄审判长并表示，"368 万元的天价过路费"是通过两寸厚的证据材料，一单单相加，精确计算出来的，对出口、入口、超载量等都有第三方非常详细的记载，并非空穴来风。

中原高速平顶山分公司总经理助理金煜伟向记者出示的该公司的统计显示，时建锋的两辆车行车路线主要是载货从下汤收费站上高速，到长葛西收费站下高速，路程一共是 110. 6 公里。在长葛西收费站通行 1172 次，多为载重情况下通过长葛西收费站，因此逃费的总数为 343. 37 万元，平均每次 2929. 8 元；在下汤收费站通行 1179 次，多为空车或者是载少量物品行驶，共逃费 23. 14 万元，平均每次 196. 3 元。也就是说，平均每次荷重通行费为 2929. 8 元，空驶收费为 196. 3 元，合计一个来回的收费是 3126. 1 元。

面对这样的回复，网友们沉默了，当然不是被说服，而是被惊呆了。如果不逃费，时建锋依靠运输能赚多少钱？带着这样的疑问，新快报记者对时建锋作了专访（以下转引自新浪新闻，2011 年 1 月 15 日）。

新快报（以下简称新）：8 个月你们大概赚了多少钱？

时建锋（以下简称时）：20 多万（元）。

新：你们一天拉 6 趟，每趟赚 300 元，一共 8 个月，每个月 30 天，算下来应该是赚了 40 多万（元)，为什么只赚了 20 万（元)?

时：毛耗太大了。修车要钱，修轮胎要钱，还要分出去。

新：分出去是指分给谁?

时：有人分了，我不清楚分给谁了。我听说是分给收费站的人了。

新：但是，这个案子是收费站的人发现并且率先报案的。

时：贼喊捉贼。我弟弟说，每个月都给他们六千（元)。

新：你们每天能拉多少吨?

时：我们有两个（辆）车，一天能拉六趟，每趟车装载五六十吨。

新：这个是严重超载吧?

时：我肯定知道啊！谁不超载，谁就赚不了钱。

新：你们跑一趟能挣多少钱?

时：跑一趟能挣个两三百块钱。我们拉一车 50 吨（超载)，沙的成本是 700 块，拉出去卖给工地能卖到 1700 块，油费大概要花掉六七百块钱。最后剩下的只有三百多块，还要算上耗损啊，轮胎之类的。

新：除了走高速，走别的路能不能赚到钱?

时：走高速快，省时间，一趟往返六个小时，多拉几趟才能赚到钱。走别的路赚不到钱，别的路上交警罚款太厉害了，违章要罚，沙子撒在路上了要罚，超载也要罚。一张罚单一百或者一百五，我们这条路要经过三个县，每个县都罚一次款，这单活就白干了。

新：那如果你们走高速，不超载、不偷逃路费就赚不到钱吗?

时：赚不到钱，过路费那么高，卖都卖不到这么多钱。高速路上超重的车都是假军牌车，跑车的都知道这个是假的，不超载，不逃费，赚不到钱。

新：如果不走高速呢？

时：交警一路罚款，也赚不到钱，本钱全赔进去都不够。

新：最后计算出来你偷逃过路费 368 万元，你对这个数字感到惊讶吗？你相信吗？

时：有啥不相信的？超载要翻倍罚款，肯定有这么多啦。

新：你不觉得吃惊？网友们都因为这个数字惊呆了，我们也是因为这个才来的。

时：我一点儿都不吃惊。超多少就罚多少，就罚到这么多了啊。随便罚！

新：你知道你的行为是违法的吧？

时：当然知道，为了赚钱嘛，没办法。

新：你知不知道被判无期徒刑意味着什么？

时：我进来的时候，我弟弟跟我说的是让我先顶着，有人会在外面跑关系，以后会让我出去的。现在我知道我出不去了，我一进来我就知道我出不去了。

新：你做这个事的时候没想过自己会被抓住吗？

时：我没想过自己会被抓住。

新：你“照顾”车的时候，知道它挂的是假军牌吗？

时：军牌是我弟弟用钱买回来的，我帮他顶这个罪，就是因为他是我亲兄弟，我先顶着，他在外面跑，四处活动，争取把我捞出去。

新：你们穿上军装，挂上军牌之后，收费站就不管你们了吗？

时：我弟弟跟我说，高速路上有内鬼，收了钱就不怎么管我们。我弟弟告诉我，怎么走能躲着摄像头。偶尔也会碰到有人拦我们的车，我们就会出示“部队上的”派车单，也是伪造的。

新：派车单能证明什么？证明你们是部队的？

时：派车单上写的是部队的人名，能证明什么我也不懂。

新：万一还是被人拦住了怎么办？

时：问我弟弟，我弟弟知道该怎么办。如果被人拦住了，我们就会避开摄像头给烟。我弟弟每个月都会给人钱，具体给了谁，我也不清楚。

新：你什么都不清楚，怎么会进来的呢?

时：我稀里糊涂就进来了。

新：你知不知道判处无期徒刑意味着什么?

时：我没有老婆，没有孩子，无牵无挂，他是我亲弟弟，我就帮他顶了。

新：你为什么不上诉?

时：法院都已经判决了，真的也是假的，假的也是真的，真真假假说不清楚，我不想牵出一大群来。我无所谓，我无儿无女没有后顾之忧。

新：你认为会牵出一大群人?

时：肯定会的。说多了，会死得早。以后你们就明白了。

这次访问更扎扎实实地刺疼了网友的眼睛，《南方周末》发出诘问：拉沙才挣20万元，而坐地生财的收费站却能获得数百万元的利润，即便大家相安无事——这是怎样的一笔买卖?这又是怎样的一种断裂与失衡?对公众的感受来说，368万元过路费的真实存在，可能比这笔过路费掺水造假，问题更加严重。后者可能只是事关一个交通收费机构的诚信，那么真实的天价过路费，则让大家看到了，高额公路收费究竟有多高。这个案例带给人们的心理冲击，不是一个小小的法庭所能承受的。这偷逃过路费368万余元的事实不禁让人浮想联翩：犯罪分子不过一个农民，为什么逃避过路费如此简单的事实，竟然在8个月后才被相关部门查知?如果农民要承担“诈骗罪”的责任，那么相关部门是不是也要解释一下有无渎职或失职的嫌疑?

对此，《观点中国》评论道：还是回到民生问题上来解释此案。一对农民兄弟为何要冒着犯罪的危险去伪造军牌?为何要主动向权力请求寻租？权力对收费站人员的监督，何以长期形同虚设？随着案情抽丝剥茧逐渐明朗，世人不得不震惊于货车司机悲惨命运背后的那些并不煽情的故事：巨大的权力寻租漏洞，以及人为刀俎、我为鱼肉似的人生处境。一言蔽之，荒唐的天价过路费案既是社会资源管理不善的结果，也是社会分配不均的结果。

面对强大的舆论，法院方面重新审理了此案。12 月 15 日，河南省鲁山县人民法院接办此案，检方指控的犯罪数额由当初的 368 万余元变为 49.23 万元。庭审结束后法官当庭宣判：被告人时建锋犯诈骗罪，判处有期徒刑 2 年 6 个月，并处罚金人民币 1 万元；被告人时军锋犯诈骗罪，判处有期徒刑 7 年，并处罚金人民币 5 万元；被告人时留申、王明伟犯伪证罪，各判处有期徒刑 1 年，缓刑 1 年。然而这次宣判并未解答网友关心的问题：当初的 368 万余元为何变为 49.23 万元？根据何在？时家兄弟爆料每个月给收费站有关人员 6000 元，那个相关人员是谁？此次案件中，平顶山收费站有无渎职或失职？

王侯将相宁有种乎？
——“萝卜招聘”事件

看到这个标题，或许有人会问：“何谓‘萝卜招聘’？”这样吧，我们先做个简单的解释。所谓“萝卜招聘”，即为有关系的候选人量身定制招聘条件或者职位，以达到让关系户成功应聘的目的。大家知道，由于公务员“逢进必考”被执行得比较到位，所以有些事业单位就成了部分有权有势者安排子女和亲属的后花园。这些现象被网友戏称为“一个萝卜一个坑，让其他萝卜无坑可挖”的“萝卜招聘”。

2010 年全国发生的几起“萝卜招聘”事件，很具有代表性。

萝卜招数一：依人定标准

2010 年 11 月，福建省屏南县财政局下属收费票据管理所招聘工作人员，招聘计划与条件中规定：招聘名额 1 名。普通高校全日制应届本科毕业生，获得国外学士学位，国际会计专业，大学英语四级，屏南户籍，女，年龄 25 周岁以下……最终，只有宁德市某市领导之女一人符合条件，未经考试直接聘用。事件曝光后，宁德市人事局进行了调查和处理，并取消了本次招聘。

萝卜招数二：漏题是王道

2010 年 5 月，海南三亚市小额贷款担保中心招聘人员笔试之后，几位入围面试的考生身份可疑，第一名温娉婷是三亚市社保局局长温孝廉之女，第二名符亮系文昌市社会保险事业局局长符少明之子，第三名陈卡雷系琼海市社会保险事业局局长陈泽教之子。后经调查核实，三亚市取消了包括温娉婷在内八人的考试成绩，并将有关责任人移交纪检、监察机关查处。

……

看过这几例“萝卜招聘”，想必你有些无奈，会感慨“拼爹”年代里无爹可拼的“杯具”；想必你有些愤然，会感慨这“龙生龙，凤生凤”的“世袭招聘”的腐败与不公。

是的，“萝卜招聘”首先破坏的是社会的公平公正。我们常把全社会的事叫“公事”，把为全社会办事的人叫做“公务员”，一句话，以“公”为上。既然为此，它就不能是一个人或少数人的私家领域，私相授受，世袭继承。社会中的人只要有热情、有能力、够条件，就应该成为服务大家的公务员中的一员，而“萝卜招聘”恰恰打破了这一公平，其引起社会的反感也就可想而知。

其次，“萝卜招聘”导致了社会结构的板结。各级政府及其他公共机构是引导整个社会进步发展的推进器，它需要经常补充新鲜能量，以促进自我的更新与改造。如果政府及其他公共机构仅在一个封闭的群体中传承，整个社会就会呈现出一种板结化的态势：社会中的一小部分人仅仅凭着身份优势就能独占那些公共职位，而更多的人则不管怎么努力都难以改变自己的命运。

这种“官位世袭”状态，让那些十年寒窗苦读的无背景无身世的学子情何以堪?！难道只能惊呼“王侯将相宁有种乎”？徒叹“恨爹不是刚”了？长期社会矛盾的累积与衍进将会给社会的稳定与发展带来难以预估的后果。至于说“萝卜招聘”引发的幕后交易，比如“换手抓痒”之类的腐败问题，对社会风气和官员作风的影响，就更非三言两语能说清的了。

按说“萝卜招聘”的手法并不新鲜，公众不是傻瓜，有关监察部门也不是吃干饭的，这里面的道道并不深，只要认真追究起来，可以说是没“坑”可“挖”的。问题是，我们中的不少人并没有这么认真，他们也不愿意认真，因为这也是潜规则之一。特别是在一些地方，一些“小圈子”形成既得利益群体，经常进行利益交换，这种铁桶似的“小圈子”常常成为腐败高发的地方。因而，如何打破这种“小圈子”内部互相授受的权力生态，当是眼下改革的急务。

杜绝“萝卜招聘”，说难很难，说简单也简单。第一，集中民智，找出可能存在的制度漏洞；第二，有针对性地给制度漏洞打上补丁；第三，对作奸犯科者，予以严惩，特别是要对主要领导问责处罚，而不是找一两个“临时工”顶缸。如此三招，应可化解各种“萝卜招聘”的妖风于无形。

总之，对“萝卜招聘”，我们需要的是行动，而不是论道。

不是孩子的错
——“五道杠少年”

2011年5月初，湖北省武汉市少年黄艺博的事迹和一组照片引起了大量网民围观，成为各路媒体评论的焦点。

据报道，13岁的黄艺博是湖北省武汉市少先队的副总队长，他2岁开始看央视《新闻联播》，7岁开始每天读《人民日报》和《参考消息》，曾在全国各地报刊上发表过70多篇文章，还曾将他的近3000元人民币的稿酬和变卖废品赚来的零花钱用于资助与看望孤寡老人。他获得过“全国百名优秀好少年”、“武汉市首届‘十大孝星’”等光荣称号。

2011年2月8日，黄艺博开通博客，迄今虽仅发布1篇博文和2个图片专辑，但就是这篇博文和这些图片，招致了网民的热议。

其在《开博前言》中称，开通博客“是想表达自己为了‘中华民族之复兴，续写汉唐之盛世’的修身齐家、济世安邦之信念、气度、襟怀、理想和抱负”。对此，有网友表示：“明明是青春纯真的童年时代，却被培养成这样，模仿大人语气写的文章，不知道是该责怪社会还是责怪家长老师。”还有网友怀疑，如此成人口吻，恐不是一个十来岁孩子的文笔，或是父母师长代写的也说不定。

其在博客上贴出的照片，有臂带“五道杠”，正襟危坐阅读文件的；有疑似和总队“同事”一起研究工作的；有摆好姿势与伙伴们合影的；有去看望孤寡老人，为老人整理衣襟的。这些“少年官样儿”的照片刺痛了网民的眼睛，也刺中了网民心中的那份隐痛，网友或惊呼“太有范儿了”，或直斥“官腔十足”、“霸气外露”。原先少人关注的黄艺博的博客，从5月1日到5日期间，浏览量猛地突破百万，评论近万条，而且大多为冷嘲热讽和充满攻击性的话语，“五道杠少年”就是网民送给黄艺博的外号。

那么“五道杠”是怎么回事，黄艺博怎么又和“官”联系上的呢?

原来，五道杠是武汉市团市委授予该市少先队总队委的队标。按照团中央施行的《中国少年先锋队章程》规定:“凡是6周岁到14周岁的少年儿童，愿意参加少先队，愿意遵守队章，向所在学校少先队组织提出申请，经批准，就成为队员。在学校、社区建立大队或中队，中队下设小队。”“少先队干部可设置小队长、中队长、大队长三种职务，其中依次可佩带一道杠、二道杠、三道杠。大队、中队委员和小队长都要佩带队干部标志。”也就是说，五道杠是武汉市的一项创举，以旨在“进一步完善少先队的评价体系”。这样，作为武汉市少先队总队委的副总队长，黄艺博也就与“官”挂上了钩，他的那些难保没有PS的照片也便成为“官味十足”的证据了。

其实，一个孩子爱看《新闻联播》，爱读《人民日报》和《参考消息》，有经邦纬国之志，并非坏事，胸有远志难道比浑浑噩噩的人更应受到责备？看看我们自身和身边的人，有担当的人是多了还是少了？如此一来，有担当的人不是显得更为可贵？只要是合理引导、熏陶出的“信念、气度、襟怀、理想和抱负”，而不是强扭芟剪修整出的“病梅”，至少还是有点传统人格追求的，值得一赞。

至于摆出的“官味”、“官相”，这不是一个13岁孩子的天生本相，或许与家庭的教育有关系，但更准确地说应该是社会弥漫的“官本位”意识在这个家庭教育中投影的结果，而学校推行的“官本位”教育理念又在这其中起到了推波助澜的作用。

君不见，几千年来，当官发财、光宗耀祖的“官本位”意识已深深融进了中国人的骨髓之中。时至今日，在急剧变化的市场经济之中，政府对社会资源的控制和公务员工作的稳定、待遇的优渥及社会地位的提高，都使得“官本位”意识在当下极度加强，甚至已异化到了膨胀的程度，这从每次“公考”报名的火爆情况，即可略窥今天人们的从政心理。官者，管也，不管怎样，管理毕竟是一项消耗社会资源活动，且有那么多的优秀人才跻身“公考”，这很难说不是一种人才浪费行为，更主要的还在于近些年来官场爆发的一宗宗触目惊心的官员腐败案件，更使大众对官员这个阶层产生了抵触情绪，反对“官本位”似乎成了民众的公共心态。黄艺博的照片恰恰刺痛了人们那根隐藏在内心深处的神经，他成为替罪羊也就在所难免。

在此事件中，我们的教育机构同样难辞其咎。曾几何时，我们这些尚算清高的教育机构也浸染了“官本位”毒素，班干部、学生会干部选举，已不再是民主票决的结果，而是掺杂着贿选拉票的污黑丑行；学校举行的校庆、学术研讨活动，已不再按德望贡献影响排座位，而依官位高低来接待。这对心智尚不成熟的学生来说，造成了多大潜移默化的危害！就黄艺博而言，倘使在学校教育之中，师长能多给他一些平常心教育，以一般同学来看待他，他恐怕也不会有那些“官味”照片热传于网络。

孩子是无辜的，他的塑造需要良好的社会氛围和学校以及家长的正确引导，这一点是任何一个准备鞭打孩子的人首先应有的清醒认识。

名人名事

在一个精英少见、名人迭出的社会里，名人的言行举动自然会引起常人的好奇围观。本来，名人也是人，一样吃喝拉撒，但机缘巧合之下，某人一旦受到大众的关注，成了名人，土鸡也就变成了凤凰，处境与影响今非昔比。简言之，他的声名已成了社会的公共资源，其拥有的话语优势，足以使其成为社会的引领和示范！根叔的平易与深情，韩寒的才华与个性，郭德纲的幽默与机敏，虽各领风骚，却无不在社会中发挥着正能量的作用。

然而成名后忘却前世今生，飘飘然，醺醺然者也让我们看到了一些名人的另一面：人前光彩、人后光身的明星让人惊诧于娱乐圈背后的乱象；教授爆粗的恶语让人感慨于名人的素质；学历造假和学术煽情让人痛心于学风世风的浮躁。成名不易，保名更难。正因为名人的一言一行、一举一动都在社会的关注之下，所以他们也应和常人一样，不断做好自律功课，提高自身的学识和人格修养，而且只有做得更好，才会更持久地成为公众的标杆。

大片无大补

——馒头血案里的观者之声

看到这个标题，您或许以为讲的是一桩恶性刑事案件，如是这样，那您可就错了，这只不过是一件网事，而这段网事又是由一部电影引发的。

话还得从2005年说起。这一年，导演陈凯歌拍了他的新作《无极》，您要问这一年最火的国产电影是什么？自然非它莫属。然而令人意料不到的是，该电影的火爆不是源自电影本身，而是另有他情。因为这部由陈导精心打造、斥资3000多万美元的大片上映之初，据说票房并不太好，差点没让制片方亏本，很多观众从电影院走出来，直呼看不懂。那么是什么改变了这部电影的命运，让它起死回生了呢？

原来该电影借了一段网络视频的东风。2006年年初，也就是《无极》上映几个月后，一段名为《一个馒头引发的血案》的视频在网络上蹿红，该视频内容仿央视《中国法治报道》栏目形式，重新剪辑了电影《无极》，对白也经过重新改编，全片总共只有20分钟，但其中滑稽搞笑的对白、怪异的剪接以及一些另类的广告穿插，让人捧腹不止。网络上，这部剪辑视频一时间下载率远远高于《无极》本身。该视频制作者署名为胡戈，这胡戈是中国内地的一名自由职业者，湖北武汉人，生于1974年，据说最擅长鼓捣音乐与视频。

眼见自己精心制作的电影被如此恶搞，远在德国柏林的陈导终于坐不住了。2006年2月11日晚，他在柏林向媒体公开透露，起诉胡戈，而且要将此事解决到底，并称“一个人不能无耻到这样的地步”。此言一出，立刻成为一句网络流行语，被众多网友争相引用。

事情的结局自然是陈导成为大赢家，不仅收到了胡戈的正式道歉，而且其电影借助胡戈的馒头血案视频赚得盆满钵满，可谓名利双收。据此看来，陈导还得感谢胡戈才是，因为通过胡戈的短片，很多看完《无极》满头雾水的观众终于领会了其中的剧情，大批没有看过《无极》的观众，也产生了一睹该片的冲动。

其实，《一个馒头引发的血案》表达出的是观众要求商业电影向大众回归的强烈愿望及对目前中国商业电影乏于叙事，片面追求标新立异与感官刺激等诸多问题的戏谑与不满。“一个馒头引发的血案”本身就是具有悬念的话语，另外，网络短片通过模仿《中国法治报道》的叙述话语，虽极尽恶搞之能事，但却很好地突出了故事性，情节紧凑生动，故事包袱迭起，使观众在短短20分钟之内对《无极》的故事情节有一个清晰的了解，这无疑是对当前中国电影的一种讽刺。要知道，想看懂那部充满隐喻的《无极》并不简单，观众必须熟悉德国诗剧《浮士德》、希腊悲剧《俄狄浦斯王》、莎士比亚悲剧《李尔王》以及美国动画片《狮子王》，因为陈导长于隐晦，他将这部电影融入了太多元素，想要一下子看明白并非易事。而要看懂《一个馒头引发的血案》，需要的仅仅是简单生活经验和一点点幽默感。毫无疑问，这也说明，在中国电影界，一个巨大的鸿沟一直存在于观众和艺术家之间，这也正是某些国产大片鲜能为观众接受的症结所在。

众所周知，好的电影首先要会讲故事，尤其是商业电影，故事生动才会吸引观众，否则一味追求内在深意，忽略电影的情节、逻辑等主线，就会使观众一头雾水，失去兴趣。近些年，一些高投入的“国产大片”，或是光怪陆离的服装造型、花哨的武打设计，或是陈俗暧昧的情色描写，鲜有通过清晰明了而又扣人心弦的故事让观众有所思考，所以观众从电影院里走出来时得到的少有满足感，多是失望感。比如《满城尽带黄金甲》，虽然场面壮观宏大，服饰亮丽炫目，满眼望去，一片黄金，但表面的“大”却无法掩饰内容的“小”，它所要表现的故事其实只是“换套衣服”的《雷雨》。有人甚至用“金玉其外，败絮其中”来形容它。在极尽奢华的外壳之下，“大片”无法掩饰空洞或不知所谓的剧情。“一个馒头引发的血案”表达的是一种民间对简单纯粹的电影的诉求，一种看过之后能留下沉淀物与思考和补益的诉求！

反正著名
——非著名相声演员

在今天这个追求个性的时代，少有人不希望成名成家，然则造化弄人，渴求成名的最终并非人人如愿，而以“非著名”自称的人，却在不经意中红透了大江南北。可谓有心栽花花不发，无意插柳柳成荫呀！那么，谁有此非凡能量？

此人姓郭名德纲，来自民间，亦经常自称草根，1973 年生于天津，自幼酷爱民间艺术。八岁投身艺坛，先拜评书前辈高庆海学习评书，后随相声名家常宝丰学相声，又师从侯耀文，得到多位相声名家指点、传授。其间又学习了京剧、评剧、河北梆子等剧种，辗转于梨园，这些经历对丰富他的相声表演起了十分重要的作用。正是在吸纳众家所长的基础上，他逐渐形成自己的表演风格。1995 年，郭德纲创办“德云社”，这是一个以弘扬北方民族文化、培养曲艺人才、服务大众为主旨的曲艺演出团体，它打出的旗号是“让相声回归剧场”，做“真正的相声”。

“德云社”在郭德纲的一手经营下，其相声深受市民阶层的欢迎，但由于处于社会底层，且风格与主流相声有很大出入，长期不被主流相声所认可和接受。然而网络的兴起改变了他的命运，2005 年底，凭借着多年的磨打锤炼，在网络与媒体的相互作用之下，郭德纲借势冲天突起，一跃成为现今相声界演员中的佼佼者。成名后的郭德纲经常自嘲，他不想标榜自己有多么出名，而总是以非主流的姿态出现在舞台上。

这显然和其早年的经历有关。他是民间艺术家，也是北漂一族，有过在北京打拼十年的辛苦历程——从最开始不出名，得不到大家的承认，到后来在北京茶馆里慢慢为人接受，再后来在天桥说相声，场场火爆。

2006 年，在出席某次商演时，郭德纲发现主办方给他们宣传的横幅上写着著名相声演员郭德纲，他灵机一动，反着说自己是“非著名相声演员”，没想到却收到了良好的效果。根据郭德纲本人自述，“非著名相声演员”这一名称的由来是这样的：“有次一上台我跟大家做自我介绍，说‘我是中国相声界非著名相声演员郭德纲’，当时大伙笑了，我自己感觉也很好”。从此以后，郭德纲每次说相声自我介绍时总说：“我是非著名相声演员郭德纲。床前明月光，疑是地上霜，举头望明月，我是郭德纲。”

那么郭德纲的正话反说有何妙处呢？细加分析后我们不难看出，这一来可以达到一定的包袱效果，二来可以表明自己和电视上的著名相声演员不同，不是一路的。一个“非”字，暗示自己与他们的不一样，有不屑与他们为伍之意在，讽刺之意溢于言表。一般在一些大型演出场合，主持人一上来经常以“著名相声演员、著名相声表演艺术家”之类的套语作为介绍语，说自己“非著名”也就反映出对主流相声的一种揶揄和对自我的一种宣传。总之，收到了自嘲、揶揄、宣传等多重效果。随着这句话的流行程度越来越高，“非著名”也慢慢成为非主流的一种代名词。

但随着走红，郭德纲表示如果再说自己非著名，那就让人觉得矫情了，“所以有时候开玩笑，我是著名的非著名相声演员，或者干脆再多一个，自称‘非常著名相声演员’得了”。讲到这里，真相可以大白。原来“非著名”并不代表不求名，反而因为其表述的个性化与陌生化而成为成就著名的有力助推器，以退为进，以不争而争，从中不仅可以领略郭德纲的机智与高妙的语言艺术，似乎还暗含着中国古代的老庄之道呢！

这不，眼下的郭德纲正如日中天，不仅在老本行相声界风生水起，而且在其他领域也遍地开花，拍电影，演电视剧，在各大卫视担任嘉宾，客串主持人……可谓炙手可热。当然眼下最值得关注的还是他“登陆”2013 年春晚的事，这是郭德纲首次受邀“登陆”这个最受中国大众关注的文艺舞台。种种迹象都昭示着这样一个事实：郭德纲已经渐渐地从江湖走向了庙堂，从非主流走向了主流。

从郭德纲的成名及“非著名相声演员”的流行当中，我们可以深切地感受到，在今天这个多元性与包容性的时代，网络的兴起、大众文化的蓬勃发展给了每个人无限广阔的舞台。这个时代，不仅能够容纳精英，也能容纳一切流行的、世俗的文化元素，这的确给我们每一个人以极大的鼓舞。在这个精彩纷呈的世界里，每个人都想展示，也完全有理由展示自己的精彩，恰如万紫千红的春天，牡丹可以占尽春光，而寂静山谷中悄然绽放的野百合又未尝不可呢？

娱乐时代的学人造型
——“学术超男”的喜与忧

“韩信刚参加工作那会儿……”

“他（韩信）经常去蹭饭吃的一家叫南昌亭长……把饭先做好，等他来了就吃完了——人家讨厌他嘛……他脾气还大得不行，一甩袖子，绝交。”

“晁错这个时候应该怎么样呢？应该夹起尾巴做人，他不！今天改革，明天变法，像根搅屎棍子，搅得朝廷上下是不得安宁。”

“我被你雇佣了，我是忠心耿耿给你谋划，如果我的主意你不听，byebye，我换一个老板。”

……

看到以上这几句话，您一定以为是哪位民间艺人在勾栏瓦肆里讲评书，或者是哪一位畅销书作家在写穿越剧呢！但您绝想不到，此语出自一位大学教授之口，而且是在很正式庄重的大学课堂上！没错，这位教授就是易中天先生，因出语重口味，人称“麻辣教授”，他因此成为近些年来最炙手可热的教授。

易中天何许人？他生于 1948 年，湖南长沙人，1981 年毕业于武汉大学，获文学硕士学位并留校任教，现任厦门大学人文学院教授，长期从事文学、艺术、美学、心理学、人类学、历史学等多学科和跨学科研究。看来这是一位标准的人文学者，然而身处象牙塔的易中天何以能够成为广为世人所知的教授呢？

这首先得感谢中央电视台。2004 年，央视科教频道开播一档名为《百家讲坛》的电视节目。该节目可不一般，光从名字上你就很容易想到中国古代的春秋战国时期，那个思想自由、百家争鸣的时代。莫非这次央视想打破传统，将各色人等请上学术讲坛吗？没错，节目主创人员的意图是，将学术普及化，让学术走向大众，以打破学术与大众之间的鸿沟壁垒。说实话，这个定位应该大有受众，至少比时下泛滥于银屏的相亲节目、选秀节目或者肥皂剧能让我们的心灵稍微安静一点，至少还和文化、学术沾边嘛！

节目开播后，邀请了诸多学界尤其是人文领域的著名学者进行专题性的学术演讲，由于所讲内容贴近大众，受到广大观众及网民的大力支持。某一天，不知哪位好心人向央视《百家讲坛》的主创人员推荐，说南国厦门有位“麻辣教授”，出语奇特，每次上课，座无虚席，上此坛讲演，必能提高贵台收视率，没准还能捞个第一呢！闻知坊间有此高人，央视人员火速南下，不用动之以情，晓之以理，稍加劝说，即将易教授拿下。谁叫人家是官媒呢，代表的可是国家的声音，这荣耀还了得！于是时任厦门大学中文系教授的易中天终于在 2005 年，登上了《百家讲坛》，开讲三国、汉代风云人物。结果，易教授以其惯有的幽默风趣的语言，将时尚网络语言和现代生活语言融入讲演，使得整个讲演妙语连珠，萌倒众生，于是就出现了本文开头的那些“麻辣语录”。

易中天的这种讲演风格打破了传统学术的严肃、沉稳，因此深受大众，尤其是年轻人的喜爱，一时间声名大振。据说有位女网友，还发出了“嫁人就嫁易中天”的豪言壮语，惹得众多妙龄少女争相引用，俨然成为网络流行语。可以说，易中天是《百家讲坛》开播以来最成功的一个主讲人，因此人们给他取了一个很时尚的外号，名曰

“学术超男”。

为什么用“超男”二字来形容呢？原来这里面还和娱乐圈大有关系。2005 年，是湖南卫视选秀节目《超级女声》如日中天的一年，这档选秀节目让很多草根女孩一夜之间完成了由平民到明星的转变，实现了她们梦寐以求的理想。对于在学术领域因《百家讲坛》的开播而迅速走红的易中天，人们也借用超级女声的概念，用“超级”来形容其声名鹊起之快，影响力之大。2006 年 7 月 31 日出版的《三联生活周刊》总第 394 期刊载了王小峰的一篇题为《“学术超男”易中天》的文章，此文一出，引起强烈反响，“学术超男”这一称呼由此也得到大众的认可。令人诧异的是，在教育部 2007 年 8 月公布的 171 个汉语新词中，该词赫然在列，这标志着这个词一下子由江湖走向了庙堂。而今，学术超男早已不再是易中天一个人的专属，而是用来指称像易中天这样因学术和文化推广，迅速为大众所知，并因公众赋予的巨大名声而得到巨大社会经济利益的文化人群体，纪连海、王立群，甚至是余秋雨都可以视为此类人群。

“学术超男”称谓的出现及流行，实际传达的是一个非常严肃的文化命题：在当今文化多元、经济发展迅猛、生活节奏日益加快的现代社会，逐渐远离社会活动中心的人文学者们如何将自己的学术成果与当下社会结合起来，让自己的学术成果为大众所知，以发挥人文科学为社会发展提供精神支持与灵魂塑造的重大作用？从这个角度上来讲，“学术超男”、“学术超女”的出现并不一定是坏事，关键在于他们的出现给我们带来的是媚俗、浮躁，还是经典、内敛？如果是后者，那我们为何不拍手欢迎呢？但如果是前者，以文化为借口进行商业炒作，以达沽名钓誉的目的，则要让人嗤之以鼻了。是非公理，只待沉淀，时间会告诉我们一切。

偶像的坍塌
——香港艳照门

门！这门不是指防盗门、安全门，而是指涉及某某事件的丑闻。

艳照门，顾名思义是关于艳照丑闻的一系列事件；香港艳照门，是指自2008新年伊始，由网友“奇拿”在天涯社区发布的一系列关于香港艺人陈冠希与一些女艺人之间的隐私自拍照和其他图片（也就是所谓的“艳照”），涉事的女艺人包括一直以清纯形象示人的张柏芝、阿娇等，而这些照片牵涉人员之多，拍摄尺度之大，让人咋舌，由此引发了一场轰动全球的网络事件。

艳照门一打开，“玉女”变成了“欲女”，“明星”化作了“泯星”，“偶像”成为了“呕像”，那些昔日在粉丝心中光鲜无比的偶像一夜之间轰然坍塌——原来他们竟是这样放荡无耻，游戏人生！

好在事物总是两面并存的，偶像的坍塌，对于那些视偶像为神祇的粉丝来说，绝非坏事，而是件好事。

偶像是什么？偶像原本是用木头、泥土等雕塑出来供人敬奉的神像，而当代很多娱乐圈明星被青少年追捧，成为他们盲目追求、崇拜、模仿的偶像。

娱乐明星为我们制造了娱乐，他们亮丽的外形和时尚的穿着引领着社会潮流，他们在台上的举手投足，陶醉了台下的万千男女，在这些弥足可爱的男男女女心中，台上或唱或跳的明星就是他们的神祇，人生的偶像！

有偶像，就有崇拜者。偶像崇拜者只看到偶像人前的光环，看不清事实真相，于是把偶像完美化、梦想化，对偶像盲目崇拜，狂热追求。他们可以为他（她）哭，为他（她）笑，甚至为他（她）疯狂，为他（她）死！

理性一点来说，对偶像的崇拜，实质上是对自我行为的转移和替代、自我心理的寄托和麻痹，它是在茫无目标时对自我的一种缓和与安慰。在娱乐气息越来越重的今天，很多人已经不清楚自己的追求与偶像之间的差别。在他们的眼中，这两者之间已经模糊重叠，偶像也就成了他们生命的终极目标。但他们做梦也没想到，偶像竟然可以坍塌，而且坍塌得这样悲切、彻底、身名俱裂！

当然，在谴责追星一族狂热盲目、失却理性的同时，我们同样应该谴责发布他人隐私的极不道德的行为。隐私权作为一种基本的人权，任何人都无权侵犯。网友“奇拿”是不是卫道士我们不知道，但他是一个不折不扣的侵权者却是事实。娱乐偶像倒塌了，但尊重和保护公民隐私权的意识却是不可倒塌的。

失之东隅，收之桑榆。粉丝们在艳照门中失去了偶像，但也许能使许多人开始明白，偶像也是普通人，也会犯错误，这也算是艳照门给人们增长的一点见识吧。广而言之，当越来越多的“门”出现时，我们透过这些“门”看到了社会的真实，看到了社会的丑恶，无论如何，这终究是一种社会的进步。

高调的私奔

——王功权私奔事件的背后

自从微博在中国火了之后，网上的“晒”文化直接移植到微博中，成为了普遍的微博现象。这林林总总的“晒”中，有秀恩爱的，有赞友谊的，有伤离合的，很是热闹。然而，“热”成超级的并不多。2011 年 5 月，投资界大腕、鼎晖创投合伙人王功权在微博上昭告天下“我和王琴私奔了”，不折不扣成为当时的超级大热点之一。

2011 年 5 月 16 日深夜，王功权在他的微博上发布了一条消息，全文如下：“各位亲友，各位同事，我放弃一切，和王琴私奔了。感谢大家多年的关怀和帮助，祝大家幸福！没法面对大家的期盼和信任，也没法和大家解释，也不好意思，故不告而别。叩请宽恕！功权鞠躬。”自此高调宣布与江苏中孚投资创始人王琴私奔。

此条微博引发热议的原因非常简单。首当其冲的就是这场私奔大剧主人公的身份。王功权是私募股权投资界的顶尖人物，曾经是潘石屹、冯伦的领导，被周鸿祎尊为老师，在 IDG 主导投资了易趣、3721、金融界、万网、框架传媒、中华学习网等，在鼎晖主导投资了奇虎网、华道数据和一起发网络广告联盟……他的身上有太多的商业神话和传奇色彩。其次便是这样一位传奇大亨，竟然公开发布“私奔”消息，这实乃惊世骇俗之举，远远超出一般人的想象，而前一天，他还在微博上发表原创歌词《私奔之歌》。

起初人们猜测这是一场恶作剧，有人怀疑王功权微博被盗号。但两天后王功权再度发微博确认私奔真相，直播私奔过程，并声称“被大家谩骂谴责致身败名裂也无所谓”，私奔从猜测变成了事实。

王功权罔顾传统道德观念的高调私奔，真真切切地挑战了人们的心理底线，一时间引发了媒体和社会舆论的“特别关注”，至5月29日，其微博粉丝超过58万。网络上言论气势汹涌，迅速形成两派意见：一派批判谴责王功权违背道德观念以及缺乏社会责任感，不顾对妻小的伤害，只求自己快意。另外一派，则认为王功权为了爱情，放下数十亿身家，若非真爱，焉能如此，这在当下实属难得。他的微博被转发数以万计，评论更是数万计，大家纷纷表明态度，阐述自己的观点，网上一时热闹非凡。

对于媒体和舆论的纷争，王功权竟也乐得参与其中，几乎“每日一博”，或澄清，或反驳，毫不示弱。这场高调私奔俨然已经演变成了众人“围观”的公共话题。

延续一周的喧嚣争吵之后，事件终于渐趋平静，慢慢地，私奔一事淡出了人们的视线，而私奔背后的真正原因，以及当事人的种种心路历程，则成了人们理性思考的问题。

对于私奔的原因，王功权在后来的微博上将自己的婚姻状况做了交代：20年中他作为一个成功男人，先是出轨之后与发妻离婚，再婚后遭遇第二任妻子的不信任和家庭暴力，最后无奈之下，他选择私奔。他评价现妻“她爱我多年，人也不错，深情、俭朴，教子有方，曾在国泰君安证券公司工作，也曾为营救民权人士和我东奔西走。但在控制丈夫问题上她义无反顾，手段先进，不惜代价，做事出手又狠又快。我非常怕她。”私奔后的王功权落脚在一个偏僻的山村，切断了与外界的联系，他声称“不介意被谩骂”，“在道德与真实之间，宁愿选择真实”。

这个事件的最后结局是：6 月 26 日，新浪微博上房地产经理人“辣姜”爆料王功权返京，称“一番折腾过后，（王功权）近日已悄然潜回到北京，跟老婆复合了，这场闹剧已杀青，大结局是：莺已飞，鸦归巢……”网友评论王功权“爱美人更爱江山”，王功权则发表微博称不谈情感私事，望获得理解。至此，这出私奔闹剧持续月余后尴尬收场。

很多人将此事当做一个娱乐事件，在 21 世纪恋爱早已自由的今天，贵为富豪的王功权要用私奔这样无奈而笨拙的方式追求爱情，最后还惨淡收场，有网友戏称他为“私奔帝”。然而，从另一方面来看，也能够让人看到其中的无奈和悲剧成分。

王功权自称“一个商人加半个文人”，他的身上体现着不同价值观的碰撞，他是一位赚钱有术的商人，早在 20 世纪 90 年代，他就已经成为亿万富翁，创办的鼎晖创业投资基金，参与投资的一连串企业后来陆续在国内或国际资本市场上市，业绩亮丽。同时他身上闪现着一般商人少有的公民精神，他身体力行参与公益事业，勤于思考，勇于表达，为弱势群体奔走，夜探“黑监狱”，成为令人惊叹的商界奇闻。从 2008 年年底开始，在各个场合提出，解决在京外地籍学生的教育平等权问题。长年来，大量在京外地籍学生不仅遭遇借读费、奖学金等不公待遇，在高考前还要回到原籍参加考试。他抨击这项不合理制度，认为这是户籍制度在就业、医疗保障之外带来的严重问题之一。然而，有着侠义心肠的他在家庭生活方面却沦入道德困境，遭遇第二任妻子的不信任和家庭暴力，在煎熬中度日，最终在无奈之下孤注一掷走上了私奔道路。这不能不体现为他身上的一种纠结和矛盾，一种深切的无奈与辛酸。

有人指出：从王功权身上，其实应该引起反思的，是关于公德和私德边界的辩论问题：一个私德有问题的人，到底有没有权利来呼唤公德？公众又该如何看待和对待这类人自身的矛盾与困境？我们是否必须要求，那些致力于推动公益和社会进步的人，必须是道德上毫无瑕疵的君子?① 王功权的自我辩解在人们对他的道德批判中显得无力而苍白，在各种讪笑和谴责声中，他最终表示后悔微博私奔。

这个喜欢诗词、浪漫而细腻、有着浓厚文人情怀的男人，内心依然忍受着孤独和煎熬。

① 郭蓬蓬，周斌：《王功权：一个商业巨子的“私奔”真相》，《21 世纪经济报道》，2011-05-28.

当学历与能力较劲时
——唐骏学历造假门

《我的成功可以复制》是一本曾经非常畅销的成功学图书，作者唐骏在书中精彩地讲述了他如何一次次地超越自我：在北邮的研究生招录中考第一名；当在北邮无法取得出国名额时，转向北京广播学院（今中国传媒大学）求得出国名额；在日本获得了卡拉 OK 打分、大头贴照相机的专利；因导师对他出言不逊而放弃完成名古屋大学博士论文，后转往美国，获得美国加州理工大学博士学位，在美国开创了三家小有成就的公司；后关闭公司进入微软，从软件工程师做到微软中国最高领导者；在软件公司，他改变了 WINDOWS 多语言版本和开发模式；是唯一一位两次获得“比尔·盖茨总裁杰出奖”者，比尔·盖茨对他赞赏有加，是唯一一位以微软中国终身荣誉总裁身份退休者；2004 年以 260 多万股股票期权出任盛大集团总裁；2008 年又以身价 10 亿元跳槽至新华都集团。由此众人膜拜的青年商业偶像诞生了，人们称他为“打工皇帝”。正当唐骏自豪地四处兜售这本书时，这本书却让唐骏陷入了人生最大的困境。

唐骏遇到了最让人头痛的人物方舟子——专业学术打假人，且每打即中。据《新民周刊》的访问，方舟子本对唐骏不感兴趣，因为“从学术的角度来说，在我们打假的对象中，他不算是非常重要的，名气比他大、地位比他高的人多得是”。直到2010年7月1日，有人在微博中问方舟子是否了解所谓的“成功学”，并提到唐骏的《我的成功可以复制》时，方舟子才来了兴趣，一场历时几个月的打假运动就此拉开序幕。

经过搜集查证，方舟子发现唐骏的加州理工大学博士学位是假的，所谓的专利发明与唐骏没有任何关系，看似很了不起的微软中国总裁职务其实只是带领当时微软内部一个四、五级的部门，主要做售后服务、产品推广工作，相当于中国官场中的科级。

面对方舟子的指证，唐骏并没有选择沉默，而是做出了反击。他说自己从未公开说过获得过加州理工大学博士学位，只是在加州理工大学做过研究，获得的博士学位是西太平洋大学颁发的。此言一出，方舟子笑了，众多高管、高官慌了，他们纷纷在网上修改了自己的简历——删掉西太平洋大学博士学位。何故？只因这是一所众所周知的野鸡大学，没有校园，没有教室，只有一个办公室，还是与校长儿子的手机租借店共用的，只要出钱就可以获得学位。

挖出萝卜带出泥，笼罩在唐骏身上的光环也因此一一消退：改变多语言版本和开发模式是无稽之谈；所谓的终身总裁是唐骏自己死皮赖脸要来的，且没有一点价值；新华都10亿元转会费并非以现金形式支付，而是给予100万股紫金矿业原始股，且尚未到手，等等，一个个肥皂泡沫瞬间被戳得粉碎。

面对这些，唐骏沉默了。五个月后唐骏再次在微博上谈到学历门事件时说：你说我是造假我坚决不同意，我觉得自己没有错，我的错在于之前说的那种含糊，不透明，是虚荣心造成的。所以我把它当成一个娱乐，这样会放松一点，而且是十几年前的一件事情，大家娱乐一下，我从来没有说通过我的学历获取我的利益，获取资本，获取大家的信任。这件事件我有没有责任？有责任，我是当事人，我要负主要责任。我应该在所有的场合都说我毕业于美国西太平洋大学就可以了，就不会有这样的事，起源就是我没有透明起来，含糊了，这是我的错，很严重的错。

就在唐骏发出微博三个半小时后，方舟子便在自己的微博中对唐骏的上述言论进行了批驳。他认为，唐骏拒不认错完全是一种无赖行为。当初决定打假时，就是因为觉得这个偶像（唐骏）本身很有问题，很不诚信。现在看来，他的成功，有很大的水分。而且看他演讲时，也在讲诚信，这不是很讽刺吗？他想让青年知道什么样的价值观？他这个偶像是虚假的，就应该把他给推翻掉，我们不应该去崇拜一个假偶像。现在显然造成很恶劣的影响，因为大家觉得只要成功就是硬道理，可以不择手段地成功，他讲这些故事，给人传达怎样的价值观？不是脚踏实地，而是投机取巧。

按方舟子的逻辑，唐骏当然得推翻掉，而且很快就可以被推翻。但事情并非如此简单，网上支持唐骏和反对唐骏的各占半壁江山，甚至有人痛骂舟子，如网友"捭者阖者阳也阴"说道："学历没有任何意义，关键在于你创造了什么价值。根本无需担心任何的言论，之所以产生如此风波，主要由于名声在外，身不由己。某些时候，低调也是一种能力。"网友 yangjinye1974 也力挺唐骏："其实，唐老师这点事也该结了，再扯下去，青年创业者真的会很纠结的；唐老师的事告诉我们：这世上还真没有完美的人和事，也没有神话，包括在座各位。这不就结了吗？"

甚至在学历门爆发后五个月，南京林业大学还邀请唐骏作了一场名为"我的成功可以复制"的演讲。尽管在演讲时遭到来自南京大学的一位林姓女生的踢馆：她为各位同学带来了一份礼物——一沓西太平洋大学的学位证书复印件，"我觉得唐骏先生的成功不仅可以复制，还可以复印！"南大女生不无讽刺地表示，为了"让大家共同分享唐骏的成功"，她请求唐骏在这些复印件上签名。

但南京林业大学在报道唐骏演讲时称："唐骏的讲座生动且幽默，

让同学们切实感受到成功人士的人生风采，也为同学们的未来方向指引了一条明路，告诉大家他的成功可以复制，开阔了同学们的视野，让人受益匪浅。”

同时南京林业大学的学生对于踢馆女生非常不满，“曾冉-小 P”发帖称：“我佩服唐骏先生，在这种场合还能包容和蔼地点头说‘没问题，之后可以帮你签’，然后对于她提的问题中不属实的信息进行更正并给予回答。同时我也非常不满，一个说自己是‘南大的’学生，就可以如此毫无礼节地进行‘提问’吗?”而在南京林业大学“风雨南林”论坛上，唐骏事件成为热门主题，不少学生言辞激烈地批评来自南大的“唐突”提问者。

“tianliang504”留言“这个女的想出名想疯了吧”，他表示“最讨厌那种给人家下不了台面的人”，并认为“自负加自大的人一般都这样”；“hua. hua”表示“请唐骏来演讲是有意义的事，每个人都会有瑕疵，这时我们就应该辩证地看问题，发现他身上的闪光点，那些优秀的、可以复制的点”，他认为“南大 MM 这事做得有点过了，起码你要学会如何尊重别人”。

所以有人说：“唐骏这件事，在美国，他要辞职，100 个人只有 1 个价值观：诚实；在日本，他要谢罪，100 个人只有 1 个价值观：担当；在中国，他要狡辩，100 个人有 100 个价值观：他的事跟你有什么关系?”这也是唐骏学历门中最令人玩味的地方，它反映出了中国的现状——浮躁的价值观。只要赚到钱，且不被关进监狱就是本事，正如唐骏直言坦称：“你欺骗一个人没问题，如果所有人都被你欺骗到了，就是一种能力，就是成功的标志。”

这也正是引起我们反思的一点，到底什么是成功？唯有富甲天下才是成功？这种唯一的成功观，只会剥夺其他社会价值观，一些良好的品质，如诚信、正直、责任、关爱，当它们不能带来财富时，只会像破抹布一样被扔掉。

另一个值得注意的地方是：众多网友与方舟子的辩论，其实已偏离了方舟子打假的初衷。方只是想让大家知道这个人的学历是假的，揭露他们是因为这些人掌握的社会资源很多，很多人在崇拜他们，如果他们造假，对社会资源的滥用更厉害，造成的社会危害更大，社会影响也更恶劣。如果大家知道他们是通过造假爬到这么高的地位，那青年人是不是跟着以此为榜样？他的成功可以复制，就变成了他的造假也可以复制。但力挺唐骏的人理由只有一个：能力与文凭并没有多大关系，唐骏获得成功是靠自己的能力，而非一纸文凭。

网友如此执着，难道他们就不知道诚信的重要性？事情恐怕只能从另一个角度分析：现代中国社会太过重视一纸文凭，导致无文凭无工作，更别说一展才能了，因此网友对唐骏文凭造假的宽容，甚至体谅，也可以看做是对社会现状不满的一次集体爆发。而就唐骏买假文凭一事来说，有人分析认为他的欺蒙和狡辩行为，实际上体现的是他对社会的不信任，体现的是他不相信认错道歉是一种救赎。他的死不认错，无非是希图借助精巧的操弄、公众的易忘而蒙混过关。他不能像陈寅恪、汪曾祺那样坦然面对没拿到学位的现实，但是他能像陈升那样自嘲“我的前半生都是骗来的”。说到底，他不敢相信剥去学位光环后的自己，还能像辩护者们说的那样，无损他的成功。不相信社会的背后，是更深层地不相信自己。

这才是目前中国社会真正的悲哀，是给我们人才评价标准敲响的一记警钟！海外留学经历、985、211，招聘单位这些必须符合的硬性条件让那些非出自名牌大学的求职者屡屡碰壁。如何才能不需包装，不需谎言，不问出身，人人都能各尽其才，人人皆能拥有平等公正的机遇，这是我们今后一个相当长的时间里面临的课题。

是谣言还是真言？
——方静间谍门

谣言不可怕，就怕造谣的有文化，套用这句俗语于方静间谍门上，倒还真有些验证的效果。

2009年6月9日，一个名叫阿忆的人在博客中爆料：方静是美国派到中国窃取军事情报的间谍。这个料，换做一般的无名小卒来报，恐怕只会引来别人的“呵呵”，但阿忆报了之后，却轰动了整个网络，在网络上掀起了惊天巨浪。

何以如此，这当然与事件中关涉的两位主角大有干系。“阿忆”何许人也？他原名周忆军，1964年4月10日生。正职是北大新闻与传播学院的副教授，常游迹于央视和凤凰卫视。在《实话实说》做过主持，也曾代班过《焦点访谈》，在新闻界拥有一定的知名度，是个无法忽视的新闻人物。方静，1971年6月出生，《焦点访谈》栏目主持人。23岁成为《中国新闻》栏目主播，先后担任《东方时空》、《焦点访谈》、《国际观察》等名牌栏目主持人。她在新闻界的地位也不可低估。

一个是北大教授，一个是央视主持，生活就算有交集，怎么会弄到间谍门上去了呢？

“端庄大气的方静妹妹，为便于谋取军事情报外泄，申请去主持

《防务新观察》，终于5月12日夜晚被捕。”这句话是阿忆在博客中“无意”提起的，其实他也没有拿出证据来证明说辞，因而网民初看之后，并没有当回事儿。两天后轰动网络的，是因为各大媒体根据阿忆博客中的几段话发表了题为《阿忆爆料：央视主持人方静是间谍已被捕》的新闻，连人民网也转载了，这一下就让网民毫无警惕地相信了阿忆的说法。网民还能不相信吗？相信了，就相信了，连讨论都懒得进行，更别提有所质疑了。可怜了方静，无辜被人冠以“间谍”的身份，社会舆论还一边倒地相信她就是一个间谍。

面对汹汹而来铺天盖地的舆情，方静终于给出了回应：“针对近日某人公开在博客发表文章，对本人恶意诽谤中伤一事，本人深感震惊和愤怒，特此声明：该文所述纯属子虚乌有，本人将用法律手段维护合法权利!”6月14日，方静出现在《国际观察》直播间，谣言至此不攻自破。

这一下，该轮到看阿忆怎样下台阶了。他更新博客，向方静道歉：“从未说过方静本人是‘间谍’，只说她‘泄密’。别认为俺不喜欢方静，正相反，俺认为敬大姐之侧，最大气端庄内敛的新闻女主持人就是方静……祈望风波澄明，她能一切尽好，早些重返荧屏。”这份示好之举，未免显得勉强了些，且水落石出的洗脱之词，又显得太虚情了。

至此两位当事人像是和好了似的，你不再“泄密”，我也不再谈“诉诸法律”，难怪有人质疑这是阿忆与方静联合炒作的一出闹剧。事实真相究竟如何，作为局外人很难看懂，但至少有一点是真的，那就是“方静不是间谍”。

这桩间谍门虽然如雪落江湖般悄无声息地结束了，但它给人的思考却是多重的：

一、如何保证新闻的真实性问题。毋庸置疑，这是一个躁动不安的时代，人人都不大安于现状，似乎不弄出些声响，世人便不知道他

（她）存在于世似的。从间谍门的整个过程来看，无论是阿忆一方在造谣，还是双方联手炒作，都违反了真实性这一新闻基本原则。作为两位新闻界有影响的人士，这两种情况中无论哪一种情况的出现，都是对新闻原则的践踏。延伸一点来说，如果他们都在炒作新闻，那新闻还有什么价值可言呢?

二、网民的理性引导问题。网民为什么轻信阿忆的爆料？很大原因就在于阿忆的身份。他是堂堂北大新闻与传播学院的副教授，又在央视工作过，当然比外界更容易了解有关方静的“幕后故事”。人们似乎没有理由不相信他话语的真实性和权威性。正如网友所言，“央视自己人（阿忆）都说了，这事（方静是间谍）还能有假?”可就是这种唬人的头衔和云遮雾罩的关系，让网民一下子失去了方向和判断，理性分析和理性思索丢掉了，最终被人牵着鼻子，走进了盲区。

在此我们要问，什么时候，这种现象不再重演呢?

心在哪里，根就在哪里
——根叔留给我们的《记忆》

什么是母校？就是那个你一天骂八遍却不许别人骂的地方。

你们一定记住了“俯卧撑”、“躲猫猫”、“喝开水”，从热闹和愚蠢中，你们记忆了正义；你们记住了“打酱油”和“妈妈喊你回家吃饭”，从麻木和好笑中，你们记忆了责任和良知；你们一定记住了姐的狂放，哥的犀利。

面对岁月的侵蚀，你们的烦恼可能会越来越多，考虑的问题也可能会越来越现实，角色的转换可能会让你们感觉到有些措手不及。也许你会选择“胶囊公寓”，或者不得不蜗居，成为蚁族之一员。没关系，成功更容易光顾磨难和艰辛，正如只有经过泥泞的道路才会留下脚印。

亲爱的同学们，如果问你们关于一个字的记忆，那一定是“被”。我知道，你们不喜欢“被就业”、“被坚强”，那就挺直你们的脊梁，挺起你们的胸膛，自己去就业，坚强而勇敢地到社会中去闯荡。亲爱的同学们，尽管你们不喜欢“被”，根叔还是想强加给你们一个“被”：你们的未来“被”华中科大记忆！

2010年6月，在华中科技大学2010届本科毕业典礼上，校长李培根的这篇名为《记忆》的演讲，只有短短的16分钟，却被30多次热烈的掌声打断。这篇没有太多华丽辞藻的演讲词让现场所有人为之动容，不少学子泪如雨飞。演讲结束时，现场7700多名学子全体起立高呼“根叔，根叔”。“根叔”之名原为华科学子对李培根的爱称，校长本人也喜欢这一亲切的称呼，并以此自称，之后，它成为众多媒体用来称呼这位校长的固定语。

这篇两千余字的演讲稿由根叔亲自撰稿。根叔讲：“如果演讲稿由其他人代劳，文采可能会比我好，但不能代表我与学生的讲话。”根叔把近四年的国家大事、学校大事、身边人物等融合在一起，将“俯卧撑”、“躲猫猫”、“打酱油”、“妈妈喊你回家吃饭”、“蜗居”、“蚁族”、“被就业”、“被坚强”等网络热词嵌进演讲之中。这些词汇保留着时代体温，有着极富张力的现实热感，既贴近生活又流行当时，温情与智慧并重，庄重与幽默同在。当根叔用这些时尚、鲜活而灵动的词汇贯穿于演讲始终时，学子们必然感觉到和校长的距离拉近了，它还原了现实生活的真实模样，贴近了大学生活，没有空洞说教，没有一点作势官腔，一下子说到学生心坎里去了。可以说，就是这篇演讲，他成了学生的根叔，他用他的心搭起了学校与学生之间的无缝桥梁。

在日常校政管理中，根叔与学生们的交流大多通过校园BBS以及“一对一”的长谈进行。作为一校之长，李培根最关心的就是学生，尤其是那些在学业、经济、心理上有困难的学生，他们中有相当一部分都到根叔的办公室聊过天。华中科大的学生说：“我们平常很难看见根叔，但是却总可以在遇到问题时想起他，在成长过后记起他。他是我们人生旅途中的导师，温润如玉，不争不抢，不温不火。”

《记忆》在华科大毕业典礼演讲后，随即开始在网上热传，根叔一度成为备受追捧的热点人物。根叔被热捧，原因何在？在于他对学生倾注了深深的爱，在于他与学生平等交流，倾心相待的人格魅力。

确实，高等教育者倘使在与学生交往中，少一些行政味道，多一些人文关怀，少一些隔膜，多一些温情，大学精神的回归相信是可期可待的。

文字之下无名字

——韩寒代笔门

2012年的春节很热闹，节前到节后的各种话题如扑火的飞蛾，源源不断，而最具震撼力且又一波三折的，则非韩寒代笔门莫属。

要对此事做番评价，首先有必要对此事的起伏过程作个交代，尽管这过程有些长，且又让人纠结闹心。

韩寒是青年才俊，写作高手，又是中国职业赛车史上唯一的一位场地和拉力的双料年度总冠军，而代笔门的风波就因写作和赛车而起。

1月15日，博主“麦田”以一篇《人造韩寒：一场关于“公民”的闹剧》的博文，质疑韩寒写作时间与赛车时间“天然重叠”，韩寒奇迹的背后是他父亲和营销团队的功劳。此说一出，网上立即掀起轩然大波。

16日，韩寒以《小破文章一篇》回应质疑，称“我的每一个字都是我亲手写下的”，并悬赏2000万元征集代笔证据。稍晚时候，范冰冰微博表示，愿意追加2000万元以支持韩寒的悬赏活动。

其间韩寒为此事接受了新华社的专访，他的妻子金丽华一向居于幕后，这次也在网上公布了自己的联系方式，以作为媒体的联系人。

18日，打假斗士方舟子加入该事件，他在微博中指斥韩寒一边大量删除博文，一边高调悬赏，“没诚意”。不久，韩寒作了回应，但当日晚间，事情突起变故，“麦田”发微博称自己最近几天对韩寒的质疑证据不足，特向韩寒、韩父韩红钧及《萌芽》杂志编辑、新概念作文大赛复赛出题人李其钢致歉。

但方舟子表示，此事与己无关，但依旧不断质疑韩寒。

1月19日，韩寒发博文，称方舟子存在“五宗罪”，方舟子回应称韩寒“文品人品不正”；

1月21日，方舟子质疑韩寒的文史知识及《三重门书名读法》，韩寒随后发博客展示其手稿图，并称将把《三重门》手稿结集出版。

此后几日，方舟子质疑韩寒参加新概念作文大赛过程，质疑《三重门》为韩父代笔，分析韩寒作品《求医》中“一个17岁的人（韩寒）怎么可能称呼别人为小姑娘？只有像韩红钧这样的中年人或者更年长者，才会这么叫。”

据说韩父为辩白此事，从子夜到凌晨7时，一气写成了长达7588字的长文《说说我自己》。韩感慨父亲的用心，说觉得“特别的凄凉”。

29日，万榕书业总经理路金波在博客上称，鉴于方舟子在微博上指出韩寒作品系“代笔”、“包装”，造成对韩寒名誉权和财产权的严重侵犯，“韩寒将在上海提起诉讼，要求公开更正、道歉，赔偿经济损失10万元”。同时该微博还透露，李其钢一并起诉“麦田”名誉侵犯。

对此，方舟子表示欢迎，“麦田”则怒火中烧，指斥对方“炒作”，称“如果法院受理，我将积极应诉并且反诉，绝不和解”，并表示“开始质疑韩寒”。

2月5日，韩寒发表“谢幕词”，表示“我就此事，现在收笔”。

2月9日，上海市普陀区法院正式立案，受理韩寒诉方是民（方舟子）、刘明泽名誉侵权纠纷及侵害作品署名权纠纷案。四天后，韩寒撤诉，其代理律师陶鑫良在微博上称，将更换被告及管辖法院。

随后此事没了下文。

4月1日，韩寒《三重门》的手稿集《光明与磊落》由湖南文艺出版社出版。韩寒在前言中写道："今天，我真的被逼无奈了——我决定把《三重门》的手稿出版成书。"

一场本已剑拔弩张的纠纷就这样在不约而同中偃旗息鼓了，就像一串炸鞭在一阵噼里啪啦之后戛然而止，留下的只是一地碎屑和满天烟尘。

其实，从一开始，这场纠纷就注定难有结果。

从"麦田"和方舟子一方来说，他们的质疑精神值得称道，很有点胡适先生"大胆假设"的态度，但"小心求证"呢，证据何来？文字之下无名字，"代笔"和"包装"都私密得如同人之私处之事，何由证之？即便有，除非"内讧"，外人怎能得之？麦田之说多系臆测，方舟子之据虽有些"考证"功夫，然不足以一剑封喉，让人看到的还是一堆疑点。

而从韩红钧、韩寒方面来说，韩红钧登出了1999年杨密的两封家信，一封病历，韩寒出版了《三重门》的手稿，可谓翻箱倒柜，挖地三尺，然而正如作家莫容雪村所说的那样："有一种质疑无法自证，你怎么证明文章是你写的？这个真没办法，即使拿出手稿，也可以说是抄的。"也许冷静下来的韩寒所说的更有道理，"作品见"才是过硬的。

与此同时，这事也给公众人物，尤其是像韩寒这样"暴得大名"的年青公众人物一点教益：身为公众人物，面对来自社会的批评和质疑，需要具备一定的承受能力和容忍度量。一个健全的、允许正常批评和质疑的环境，是社会进步前行的必要因素。就名人而言，接受一些不合情理的质疑，本不是什么大不了的事情，不是说，"身正不怕影子斜"、"半夜不怕鬼敲门"吗？大不了，说理，上法庭，何至于骂人“秃子”，咒人生死呢？好在方舟子还算自如，以一句“我锤子都挨过了，还会怕这种人身攻击”，化解了进一步的人身谩骂。也许，作为“影响世界100人”的人物，韩寒还需要经历更多的磨炼。

此外，双方粉丝的表现也需要接受网络法规的约束。在这场争论中，双方粉丝对垒分明，且各尽所能，各持己见，以骂代战，其所作所为实际上已远远超出言论自由的范围。结果，人身攻击随处可见，语言恐吓、威胁也屡有出现。2月14日，网名“司马不迁”的凤凰网VIP版主发文称：“本人郑重声明：公权力如果不介入调查人造韩寒事件，韩寒父子在半年内（时间从本声明发表之日起，到2012年10月15日止）如不从实招认造假行为，不向全国人民道歉，超过此期限，我将采取史无前例的激进方式。”这种言语已经不在争论之列了，如果说需要公权力介入的话，那首先要调查的恐怕应该是“司马不迁”先生了。

镜片后的流氓相

——方舟子遇袭案透析

这则网事的主角有两位，一位叫方舟子，另一位叫肖传国。先说方舟子，这个人大家一定不陌生，他的名字时常出现在各大媒体上，可谓是时下媒体曝光率最高的人之一，而且只要他一发声，往往伴随着一个个真假官司，不是某某学者涉嫌论文抄袭，就是某某名人学历造假，因此人们给他取了一个外号叫“打假斗士”。当然这个“假”只限于知识领域，假冒伪劣产品等事自然不归他“管”。

这位以学术打假著名的方舟子，因为揭露了一些学术腐败现象，让众多有着学术良知的人拍手称快。然而亲者快，仇者痛，这不，这位打假斗士的麻烦就真来了！

2010年8月29日18时19分，一篇以方舟子妻子的口吻发布在方舟子的新浪微博上的博文透露了方舟子在北京住所附近遭袭的消息，微博中写道：“我是方舟子的爱人，代替他发布这条微博。刚才在北京住所附近，方舟子遭到两个埋伏歹徒的辣椒水和铁锤袭击，受轻伤。方舟子两袖清风，铁骨铮铮，为民除害，无怨无悔，更无所畏惧。期待北京警方早日缉拿凶手，更期待中国社会不再需要方舟子以一己之力抗拒群魔的那一天。”这篇微博如同一枚炸弹，引爆了网友们的热情，短短几小时内，已有近万人转发了该篇微博，针对此事发表的评论也多如潮水。

此事到底真相如何？8 月 30 日下午，也就是微博爆料的第二天，方舟子举行了媒体见面会，向媒体详细描述了遇袭的细节并通过网络文字直播了见面会全程。方舟子称，他在昨日下午五时许的确遭到两名陌生男子的袭击，但伤势不算严重，因为他跑得很快，两名歹徒在后面没有追上，他只是腰部被扔出的铁锤砸了一下，擦破皮，流了血。得以侥幸逃脱后，他马上拨打 110 报了警。方舟子描述道："当时的情况是，在我住的地方不是很远，我当时接受辽宁电视台采访出来，其中有一个人跑出来，往我的脸上喷东西，我一开始以为是辣椒水，现在想想可能是麻醉剂，乙醚之类的，吸进去以后觉得人好像整个要晕过去了。随后我强撑往前跑，他们在后面追，要用铁锤砸我的头，没有砸到。随后他们就把铁锤扔过来，第一次没有砸中，第二次砸到我的腰了。"方舟子还在媒体见面会上声称，此事 100% 与私人恩怨无关，肯定是触及某利益集团后遭报复，希望抓住袭击者幕后的黑手。随后警方证实了方的说法。

事情被证实后引发网友们的浓厚兴趣，网络上关于此事展开了激烈讨论。以柴静、闾丘露薇等知名媒体人为代表的正方团队，通过微博力挺方舟子。但是，也有为数不少的网友认为这次被打事件疑点重重，方舟了事后的描述中也难圆其说，80 后争议作家张一一也称，方舟子遇袭实是在为新书《诺亚方舟》炒作。

那么，究竟是谁会对这位打假斗士下此毒手呢？是误伤还是私人恩怨，抑或真如有些网友所言，是一场彻头彻尾的炒作？无数个谜团摆在公众面前，人们焦急地等待着破解。日子一天天过去，疑云越来越厚，就在人们翘首期盼多日以后，警方终于传来讯息：9 月 21 日，方舟子被袭案主要犯罪嫌疑人肖传国因故意伤害罪在上海浦东机场被警方抓获。

至此，本网事的另一主人公才正式登场。肖传国何许人也？百度一下便知，此人乃华中科技大学同济医学院泌尿外科研究所所长、华中科技大学同济医学院附属协和医院（武汉协和医院）泌尿外科主任、博士生导师、973 计划项目首席科学家……头衔足可以写成一篇小短文，看起来来头不小，属于国家高精尖人才！而且观其照片，面红肤白，着装整齐，鼻子上架着一副金丝眼镜，文质彬彬，怎么看都不像是会动粗的人，怎么会与袭击案连在一起呢？实在令人费解！

接下来的问题又来了，肖传国与方舟子素昧平生，何以会对其痛下狠手？经警方初步审查，肖传国认为方舟子通过媒体、网络对其学术“打假”，从而导致其未能入选中国科学院院士，于是心怀怨恨，遂指使戴建湘，由戴建湘组织龙光兴等人实施犯罪行为。8 月 29 日傍晚，在方舟子的北京住所附近对其进行袭击，一人向其面部喷不明液体，另一人持铁锤砸伤他的腰部，导致其腰部破皮出血，受了轻伤。在此，不得不赞一下警方此次的办案神速，更要赞一下方舟子本人的直觉，不愧为打假斗士，他的直觉判断竟是如此准确！

看来方舟子是祸从己出，“动了人家的奶酪”，要知道院士头衔对于很多人来说，可是扬名立万的绝好机会！对于这些利欲熏心的人，你戳穿了他的西洋镜，他当然会不择手段，哪怕斯文扫地，也会不达目的誓不罢休，哪管什么道德良知、法律威严呢？可作恶者法难恕，做过的总是要还的。2010 年 10 月 10 日上午 9 点，肖传国站在北京市石景山区人民法院被告席上，方舟子遇袭案正式开庭审理。下午四点半左右，法院进行了一审宣判。法院认定，五名被告人寻衅滋事罪名成立，肖传国、戴建湘均被判处拘役五个半月，其余三名被告人则分别判处四个月至一个半月不等拘役。二审维持原判。

事实再次印证了中国的一句古话：“天作孽，犹可违。自作孽，不可活。”一个利欲熏心的人，不管身披多么华丽的外衣，不管拥有多么绚丽的光环，都可能随时被内心的虚伪与贪婪出卖。

评脊梁变成了戳脊梁

——"共和国脊梁"评选

每年都有形形色色的奖项颁给形形色色的人，2011 年最具争议性的奖项莫过于"脊梁奖"了，"倪萍"们也借此奖项大火了一把。

2011 年 7 月 10 日，经中国经济报刊协会中华脊梁奖评选委员会评选通过，中央电视台的节目主持人倪萍获得了"共和国脊梁——十大杰出艺术成就奖"。对此，作家李承鹏不以为然，讽刺其"确实是共和国脊梁，只是得了颈椎病"。

一石激起千层浪，此语一出，立即引发了一场网络热议。7 月 15 日，有网友爆料说，自己也被提名为"中华脊梁"候选人，但因为要交 9800 元钱，怀疑"有花钱买奖的嫌疑"，于是没有理会这事。7 月 17 日，中华脊梁奖评选委员会承认向参选者收费 9800 元。为此，广大网友对"倪萍"和"脊梁奖"作了激烈的讨论和对战，各大媒体也纷纷对此事做了大量的调查、报道和评论。在那段时间里，"脊梁奖"、"倪萍"等关键词占据了许多新闻版面和节目时间，质疑之声持续不断，在舆论的风口浪尖上，评脊梁变成了戳脊梁。

后来，经过相关部门的调查结果，民政部对中国经济报刊协会违反国家有关规定开展"共和国脊梁"时代功勋人物评比表彰活动的违法行为，作出了停止活动三个月、没收违法所得五万元的行政处罚，并将“中华脊梁奖”承办单位涉嫌违法的有关情况通报给工商和公安部门依法处理。

至此，“脊梁奖”事件算是基本结束了，只是人们对此事的思考还没有完结。

设奖颁奖，原本应是公正严肃、无私利性的公益活动，但“脊梁奖”却让公众再次惊讶地发现了“花钱买奖”的黑幕，而且买卖的是“中华脊梁”、“共和国脊梁”，这无论如何都是一个天大的笑话。其实，类似这种花钱买奖的把戏早就不算“新闻”，对于这个可笑的事实，公众早就见怪不怪了，而真正让我们震惊的是这个奖竟然与“中华”、“共和国”挂钩，而且还打着“脊梁”的旗号，竟然交钱就可成为“中华脊梁”、“共和国脊梁”，如此奖项到底有多大的含金量？如此“脊梁”能挺直他们的身躯吗？相信无论主办方还是候选人，都应该心知肚明。

按照国家有关规定，冠以“全国”“中华”等名称的全国性评奖活动，主办方不得向参评者收取任何报名费、参评费等费用。主办方和那些候选人对此项规定难道不清楚吗？他们当然清楚得很，不过是当做不知道，当做公众不知道而已。主办方扯虎皮做大旗，用“中华”、“共和国”和“脊梁”，给它的奖项“镀金”，给那些候选人的脸上涂粉，不过是为了图个盆满钵满，顺便沽名钓誉一番而已。而那些“不差钱”的候选人，为了虚名，为了在自己的名字前加上“中华脊梁”或“共和国脊梁”，交个9800元，不但舍得，还满心欢喜，何乐而不为呢。他们知道，所谓的颁奖仪式，不过是一场彼此心照不宣的、周瑜打黄盖式的滑稽闹剧罢了。

鲁迅先生曾在《中国人失掉自信力了吗?》中指出，“我们从古以来，就有埋头苦干的人，有拼命硬干的人，有为民请命的人，有舍身求法的人……虽是等于为帝王将相作家谱的所谓‘正史’，也往往掩不住他们的光耀，这就是中国的脊梁。”那些滑稽闹剧的“演员们”

定然不是“脊梁”，“脊梁”是显示出民族尊严、撑起国家和民族事业的伟大人物，在他们身上集中体现了我们的民族精神和时代精神。“脊梁”是在奉献于国家和民族的伟大建设事业中由人民选择的，不是“奖”颁来的，更不是用钱买来的。以钱买卖“脊梁奖”，不过是灵魂佝偻者的可笑妄想，它既瞒不过广大民众的眼睛，也终会被广大民众戳穿脊梁骨。

原由可谅，方式欠妥

——孔庆东“三妈”事件

何谓“三妈”？要说清这事儿，还得先回顾一下事情的大致经过。

2011 年 11 月 7 日下午，孔庆东发微博说：“一分钟前，《南方人物周刊》电话骚扰要采访我，态度很和气，语言很阴险。孔和尚斩钉截铁答复了一个排比句：去你妈的！滚你妈的！×你妈的！”

孔庆东在其微博上抛出“三妈”后的当晚，八十余家网络媒体，以《北大教授孔庆东连爆粗口骂记者激怒网友》为题，一致批评孔庆东。

11 月 8 日中午，孔庆东在第一视频新闻网的“孔和尚有话说”栏目针对批评言论进行回击。

11 月 8 日下午，一个自称是新华社记者的人电话采访孔庆东，孔庆东用一个“滚”字中断了电话，并在微博上说：“对新华社也一样不客气。凡无理骚扰占用俺的时间赚自己稿费的，一律痛斥之。”

11 月 10 日下午，新华网登载了新华社记者黄冠的文章《新华时评：“教授骂人”岂能把粗鲁当个性》，许多媒体进行了转载。

11 月 11 日中午，孔庆东也在第一视频新闻网的“孔和尚有话说”栏目上称：自己没骂记者，骂的是汉奸；新华社直接采用未经核实的网络信息，制造虚假新闻，带头违反新闻出版总署刚刚出台的通知，伤害一个教授；要求新华社向他道歉。

这件事情发生后，各大媒体反应强烈，至少有48家媒体“声讨”孔庆东。北大学生肖涛在北大论坛上通过“站内信件”的方式给北大校长写信（论坛用户都可看到信件内容），希望北大校委会“依据相关规定约束和惩戒孔庆东，以防止更严重事故的发生”。其他网络平台上更是对战激烈，口水满天，并形成了“倒孔派”和“挺孔派”。总之，“三妈”事件在网上网下都掀起了轩然大波。

如莫言所说，“当众人都哭时，应该允许有的人不哭”。当几乎所有的媒体在同一时间都在批评“围剿”孔庆东时，需要有媒体从其他角度进行合理分析，而不是跟着去集体“群攻”“围剿”；当网上对战升级、两派网民互喷口水时，不是掺和混战、推波助澜，而更需要冷静客观地对待。

骂人、说脏话或爆粗口是不对的，大凡有社会公德的人都知道这一点。讲文明礼貌、不说脏话，我们从幼儿园和小学开始，就一直接受这样的社会道德规范教育。即使进入社会，这些社会公德依然规范着人们的行为。从这个起码价值判断讲，孔庆东的“三妈”言论明显是不当的，违反了起码的社会道德规范。但是，我们在批评“三妈”的同时，还得想想是什么导致了“三妈”事件发生的。当媒体一致批评“三妈”，网民大骂“叫兽”时，思考“三妈”事件的原因就显得尤其重要。《南方人物周刊》的电话采访是怎样的呢？孔庆东怎么就直接回以“三妈”呢？

对于《南方人物周刊》的采访内容，网上曝出一份让人十分惊讶的提问内容，但相应的正规可信的报道却没有，涉事双方也对之闭口不谈。为什么双方都避之不谈？很显然，提问内容会让双方都觉得难堪。如果提的问题让自己都感到难堪，更让对方愤怒地以“三妈”回应，媒体和记者是不是得反省提问的方式呢？媒体记者惹怒人的事情已经不新鲜了，媒体记者被骂也不是什么稀奇的事情，郭德纲、冯小刚就大骂过一些无良的媒体记者。不得不说，不少记者的采访提问不顾及被采访者的心理感受，以所谓的“尖锐犀利”来掩饰其蛮横无理和有限的职业道德水平。当人们都在批评甚至辱骂孔庆东的“三妈”言论时，能不能冷静思考下，媒体记者在采访提问中有没有语言暴力呢？几十家媒体高度一致的言论批评，难道是真的如此不约而同吗？这种“集体一致”“不约而同”的批评和沉默是否合理呢？当他们以监督者的身份监督社会时，还得有人去监督他们的监督。

骂人是一种最直接和最原始的情绪宣泄方式，除了三岁以下的小孩，谁敢说他没骂过人？改用古人的话说：谁人背后无人骂，哪个人前不骂人？对于骂人，我们不但要关注“骂”，更要关注为什么而“骂”。同时，骂人也有高下雅俗之分，用秽言污语骂人只是一种低俗的情绪宣泄罢了。总之，孔庆东的“三妈”这个事儿，原由可原谅，方式却欠妥当。

以爱的名义绑架，以利的诱惑博名

——谈谈孙钥洋向蒋方舟微博求婚

在解读本网事之前，有必要先来清个场子，对孙钥洋和蒋方舟的身份作个说明。

先说说这个事件的主角孙钥洋。据微博论证中介绍，他是 1975 年生人，黑龙江作协会员，曾出版过畅销书《狼性征服：蒙古帝国空前绝后四百年》等，据说还当过散打教练什么的，看来是个文武全才。

再说说这个事件涉及的另一位人物蒋方舟。她是湖北襄阳人，1989 年出生，七岁能文，九岁出书，清华大学毕业，现为《新周刊》的副主编。不用说，这是一位典型的当代才女，至于长相嘛，人见人爱，花见花开。

这就有点意思了，难道是孙钥洋这位能文能武的才子钦慕貌美如花的才女蒋方舟，才玩了微博求婚这场游戏？不能说完全没有可能。你想想看，古今中外，大凡是个正常男人，谁没有惜才之心，爱美之意，何况这个才华外溢的单身男人呢?！所以说这微博求婚一事，不能说没有一点由爱慕进而发展到爱恋的情意。

但事情恐怕远没有如此简单。为什么？关键在于这两位互不认识，没有任何的交集，当然更谈不上任何的感情，更何况这两个人无论是年龄、学历，还是社会声誉，之间差距之大，几不可相提并论。如此这般，竟有求婚一举，岂非荒唐？

其实，细究起来，也不荒唐。咋个不荒唐？“求婚”是名，“求名”是实也。

检索网上的信息，我们知道，这一两年来，已近不惑之年的孙钥洋很有些着急。急什么？“恐修名之未立也”。为此，他在网上活跃异常，凡有热事必有他的声音：张艺谋《金陵十三钗》热播时，他发文指责该电影剧本乃抄袭他的旧作；苍井空一身性感爆红大陆时，他建言政府主管部门出台禁令，以正风化；方舟子、韩寒上演代笔门之争时，他定下公开挑战书，要韩寒和他一比高下，看谁更有才；“贞操女神”涂世友大曝“处女征婚”时，他也跟风而上，面向全国发“征婚帖”。其条件为：身材匀称，模特优先；有马萨拉蒂、无干爹优先；25岁以下，90后优先；婚前不能发生性接触，处女优先；衣着时尚，齐B小短裙优先；以上五条缺一不可。如此条件，炒作用意明显，结果当然是应征者无，留言倒是不少。留些什么言？当然是骂声和嘲讽了！

好在孙钥洋心理素质过硬，谩骂归谩骂，“求婚”我自为之。眼见以前的所为除了偶尔冒出几个泡泡之外，别无大的声响，于是他想来个“猛”的，找个名气大的，“卖点”亮的，秀一把才子风流，如此一来，说不准一夜之间他就能红遍大江南北。

于是，他想到了蒋方舟这个大眼睛的才女，新生代作家中的代表人物。2012年3月22日早晨6时23分，他在微博中隔空“示爱”：“《直接现金了！》：我向蒋方舟微博求爱，只要蒋方舟肯嫁给我，参与转发并关注我的一人送现金2000元。有企业赞助，现场派发，绝不食言。”四个小时后，他更新微博道：“接下来我会采取更加疯狂的行动，我要用玫瑰花包围清华大学，直到蒋方舟答应为止！”

个中的“卖点”，一是名人，二是金钱。

名人是谁？蒋方舟。那么蒋方舟对这些微博有何反应呢？她说：“我根本不认识这个人，不知道他是谁。”她说她有一种“躺着中枪的感觉”。当记者问她是否感觉被人借势炒作时，她说，“是有这样的嫌疑，所以不打算做任何回应”，因为“一唱一和，反而会让对方觉得有互动”。

金钱几何？凡“参与转发并关注我的一人送现金2000元”。这当然很有诱惑力，因而到次日，该微博转发即达到20余万人次。有人粗略算了一笔账，倘使真的如孙钥洋承诺的那样，则转发费需要4亿多元。孙说有企业赞助，稍微明白的人都清楚，哪个企业愿意做这样的冤大头?!

热闹之后必然要重归理性。不久，有网民质疑孙钥洋在玩文字游戏：“参与转发并关注我的一人送现金2000元”，是每个人都送，还是只送一人？孙含混搪塞，强说这个承诺是在蒋方舟答应嫁给他之后才可兑现的。有人更翻出2012年春节期间孙钥洋所发的一条微博。那微博说：“各位亲，别忘了加我关注啊！”随即他承诺，谁转发他的微博，他就将为谁充100元话费。可当别人责问他最后没有兑现承诺时，他说，我是说“大年三十晚帮转（微博）充100元话费”，但是今年没有大年三十。

哈哈，原来如此！

至此，事情的真相已经大白于天下，结果当然也与预设的完全一致：孙钥洋赚足了眼球，但求婚失败。

这也许恰恰说明了一个道理，浮躁是暂时的，理性才是永恒的。众人开始时的起哄围观，到不久后的冷静理智，是不是也昭示着中国网民在经历一次次忽悠之后的某种成熟呢?!

成就草根

这是一个日新月异的时代，似乎就在电光火石之间，社会结构发生了倾江倒海般的颠覆，权贵和精英已失去了主导社会的绝对地位，而芸芸草根则日渐显现出不可遏制的生机和活力。

草根壮大了，出名成家了，当然需要体面和尊严，需要偶像和代言人。于是在《超级女声》、《星光大道》、《我型我秀》的舞台上，他们尽情展示实力，发挥个性，释放热力；在自娱自乐、自炫自扬的平台上，他们或借搞怪动作，或凭惊世话语，或傍名人光环等上位扬名；有的虽是网民无意间挖掘出的草根"达人"，却也让人眼睛一亮，过目难忘。于是，一个个草根名人走到台前，走进镜头，走上荧屏。尽管对此言人人殊，但起码有一点，他们主要依靠的是个人的实力，或是自己的努力，他们没有损人伤人，而且还娱乐了大众，快乐了众生。他们实现梦想的过程，也是草根励志奋斗不懈追求的过程。

成就草根离不开社会氛围。社会能够发掘草根的智慧，关注草根的成长，搭建草根表演的舞台，这本身就体现了人文关怀的进步。社会的和谐与温暖，不正是在这草根文化和主流文化的各领风骚之中，逐渐累积而成的吗？

当然，草根中有慧根，也有劣根。用艳照来走红，以炫富来扬名，凭“贞操”来博观的，到底逃不脱庸俗低俗和媚俗的讥评，即便一时博人观感，也终究要留人笑柄。

最是那不经意的一瞥

——小胖走红

2003 年，小胖用他最是不经意的一瞥征服了整个网络世界。

小胖真名钱志君，2003 年的春天，有网友将他一张照片贴在网络上，立即引发网友恶搞风潮，众多花样百出的小胖恶搞照出现在各大论坛里，小胖从此红遍网络，并被北京电视台称为“网络第一当红小生”。小胖，这位网络第一当红小生，到底是怎么走红网络的呢？仅仅是因为他那不经意的一瞥就征服了整个网络世界吗？

小胖侧脸一瞥，那偶然间“睥睨”一切的眼神，仅是他征服网络世界的一个表面原因，他走红的背后还有更深层次的原因。

有人称网络恶搞为一种网络大众消费文化现象，也有人认为网络恶搞根本算不上文化，就算是，也是非正常的。不管网络恶搞算不算文化，但有一点是肯定的，那就是，网络红人产生于网络恶搞，小胖因网络恶搞而征服了网络世界。

小胖为什么会不断地被 PS 成“无极小胖”、“满城尽带小胖”、“小胖越狱”、“红楼小胖”等各种版本的恶搞形象？如果没有那些搞 PS 的好事者，还会有网络小胖吗？有，一定会有的。因为人们存在网络恶搞的需要，所以，即使没有网络小胖，也会有“网络大胖”、“网络小瘦”之类的网络红人被 PS、被恶搞。但人们为什么存在网络恶搞的需要呢?

转型期的社会气候决定了人们存在网络恶搞的需要。人们常说，恶搞无恶意，搞搞别生气。一方面是消遣娱乐，另一方面则是娱乐过度消费文化兴起。改革开放以来，自上而下，都提倡解放思想，各种外来思想文化观念相继被引入，混杂凌乱。随着市场经济体制建设的不断推进，市场机制也步步深入人心，甚至也深入文化之中，形成“市场文化”。在经济的推动下，传统的意识形态受到严重冲击，而追求享受的消费主义和历史虚无主义的意识观念迅速滋长和蔓延。一方面，人们在市场机制下以利润为原则进行激烈的竞争，难以寻到精神安稳和心灵放松，社会焦虑普遍存在；另一方面，思想观念的解放，“市场文化”的崛起，社会转型所导致的思想激荡，人们在纷繁混杂中有了多元自由的选择。于是，一些人用网络恶搞去逃避社会竞争带来的压力和焦虑，寻求一种精神的安慰和暂时的娱乐，修复忙碌紧张的精神。还有人投机“市场文化”，大肆恶搞，迎合大众心理。思想观念的混乱和虚无主义直接导致价值信仰缺失，也使得网络恶搞者无知无畏，什么都敢恶搞。追求享受的消费主义，在市场经济的作用下，使得许多人只知享乐消费，精神价值、审美意识歪曲，出格的网络恶搞被肆意消费，且欲求在满足后不断滋长。

网络恶搞是一种在网络技术支持下的新型的恶作剧搞笑行为，那些离奇搞怪的动作神态，往往能使人哈哈大笑，把人逗乐，这也是网络恶搞能吸引人们注意力的重要原因。还有，网络恶搞以网络媒体作为传播载体，网络媒介传播速度快，接受面广，互动性强，也易于制作复制。网络恶搞借网络媒介的强大社会穿透力，将恶搞广泛地传播给大众，进而引发大众的围观和进一步的恶搞。

需要指出，有底线的网络恶搞一般是无害的，大多是一种释放压抑、娱乐放松的行为，一种网民群体的集体娱乐方式。但某些网上恶搞类似于“杜甫很忙”“包大人很忙”之类的，就显得无聊和没有必要，毕竟恶搞得有限度，不可娱乐至死。

没有网络恶搞便没有网络红人，就像没有水土就没有树木一样，网络红人就是网络恶搞这个不正常的水土长出的树木，有着最是不经意的一瞥的眼神的网络小胖也不过是这些树木中的一棵。

还是那句话，恶搞无恶意，搞搞别生气，适当娱乐，心态轻松点也没什么。

土鸡变凤凰的娱乐传奇

——芙蓉姐姐现象解读

网络中的美丑媸妍，往往界限模糊，转换难定，比如美女可能是“霉女”，帅哥也可能是“衰哥”。网络中有经典语句云：“带翅膀的不一定是天使，也可能是鸟人；骑白马的未必是王子，也可能是唐僧。”如果将这句话稍加延伸，就能很好地诠释芙蓉姐姐现象了。那就是：能摆S形性感姿势的，不一定是模特，也可能是芙蓉姐姐。

芙蓉姐姐何许人？一个游离于虚妄和现实的魅女是也。外表普通，却吸引眼球无数；个头不高，却掀起网络狂欢不断。如果你不想被人批评out了的话，那还是应该了解一下这位曾被清华众多才子称为“值得倾心”的女人——芙蓉姐姐。

芙蓉姐姐，1977年生人，真名史恒侠，陕西人，大学毕业于陕西工学院。1996年高考时由于发挥失常，没有考上理想的大学。1997年休学重考，想考北大，结果高考前遭遇车祸，又让她与北大无缘相交。2001年大学毕业，工作一年后选择辞职、考研。

2004年起，她用网名“huobingker”在网上发了一组生活照片，青春靓丽的S造型一下子受到北大清华以及各高校学生的狂热追捧。因其素面朝天、一尘不染的生活照符合诗句“清水出芙蓉，天然去雕饰”的意境，所以网友都亲切地称呼她为：芙蓉姐姐。后来又有热心网友帮她创建了第一个blog。不会在blog里贴照片的芙蓉姐姐便发挥其文字特长，写起了纯文字形式的幽默搞笑的文章，以缓解大家紧张的学习压力。此举引来滔天巨浪，她生动凝练极富韵律的文字遂成为众粉丝争相传阅的捧腹之作，有无数大学宿舍，每日都以朗诵其经典作品作为消遣。一时间，“芙蓉姐姐”俨然成了当时网络上最热门的词语。

有人不禁纳闷了，按照一般人的审美标准，芙蓉姐姐相貌平平，家世平平，学识财富一般，且没有年龄优势，还有些傻气粗俗，为什么会爆红网络呢?

无论人们抱着怎样的心态看待芙蓉姐姐走红的经历，但她毕竟是红了，而且红得发紫。据说某一段时间的每一天的每一刻，至少有五千人同时在线上等待她的消息，八卦她的点点滴滴，有关她的图片、文字、视频、音频被广泛传阅，相关网页多达近三百万篇，以至于中共中央宣传部特向各地宣传部门发出通知，要求各地不要再炒作芙蓉姐姐了。

也许，人们已经腻味了自以为是空谷幽兰般丽质天成的美女的矜持，对那种按既定方程式等待男人攀缘摘取的矫揉造作有了审美疲劳，于是“审丑”出现了。芙蓉姐姐走光、露底、凸点、挺胸、扭臀的低俗表演随时可见，但是在大众的非议声中，“芙蓉”傲然挺立。芙蓉姐姐以绝对的“自信”和“骄傲”，展现着其舞姿和S形身材，且凭着她的“独特和执着”，在网络上掀起一波又一波的狂澜。她以超出常理的自信献丑娱乐大众，吸引眼球。这其实与大多数网民的娱乐心态天然地融合在了一起——工作累了，读书倦了，看看她的行为一笑而过，心情放松了，接着还是该干嘛干嘛去，不可能因为一个芙蓉姐姐啥事都不干，天天守着看她去的。

另一方面，随着整形化妆技术的发展，又有多少人还呈现真实的自己？大眼睛，瓜子脸，尖下巴，擦着厚厚粉底的人造美女，虽然看起来很美，但毕竟人为造就的娇媚太假了！在大众心目中，他们恰恰渴望真实、自然、坦率、大胆、超强的心理素质，而芙蓉姐姐最大的魅力就在于她的超级自恋和超级自信，没有哪个明星敢于在公众面前暴露自己的生理缺陷与心灵最真诚的告白，可芙蓉姐姐这个平凡普通且具反叛精神的小女子敢这么做，这种行为正好迎合了网民的求真心理。不仅如此，面对网友的讥讽挖苦，她不辩解，不骂人，不纠正，面对任何质疑、攻击、谩骂，她都置若罔闻，只沉醉于自己营造的美好世界里，我行我素，甚至一厢情愿地以为“芙蓉姐姐”是对她的尊称，每个跑上前跟她合影的人都真心喜欢她。她那超强的心理素质让大众叹为观止，不能不服！

撇开自身因素之外，芙蓉姐姐的走红，网站的作用也功莫大焉。芙蓉姐姐是在人们的谩骂中走红的，既然大家都在骂她，为什么还有那么多网站报道她呢？网站是不怕骂的，被骂也是一种炒作。网站追求的是访问量，只要有人看，网站会去做。网站就抓住了网友的这种心理，发扬不怕骂的精神，逆势上扬——网友骂得越厉害，网站做得越起劲，网站报道就越多。这其中网友似乎没得到什么，但网站却得到了访问量，于是网站会乐此不疲地报道下去，直至网友不再关注。

正是在网站与网友的相互作用下，芙蓉姐姐走进了国人的眼里和心里。

成就草根梦想的舞台

——超级女声

以“锁定娱乐、锁定年轻、锁定全国”为宗旨的湖南卫视，2005年推出了大众娱乐节目“超级女声”，点燃了亿万观众的激情，成为当年中国最独特的媒体现象和文化现象。

数年匆匆而过，“超级女声”余热尚存。这场电视娱乐活动充分证明了社会大众所爆发出的令人惊叹的强大能量对于新世纪中国的意义——草根造星与草根狂欢，引导了21世纪头十年开始的中国草根文化风潮。

这场活动实现了“多方共赢”的局面：定位明确、战略清晰的湖南卫视抢到了收视率和巨额的广告收入，赢得了全国电视娱乐节目强势品牌的地位；蒙牛乳业获得了期冀已久的市场份额；天娱传媒则得到了五个赛区前十名选手的全部签约权；而凭借“超级女声”赛场，李宇春、周笔畅、张靓颖、何洁、纪敏佳、黄雅莉、叶一茜、尚雯婕等一批女歌手步入艺坛，从籍籍无名的草根变成为公众熟知的歌手。而今这些当年默默无名的女歌手每一次在公众面前亮相，总能唤起人们一些清晰的记忆和梦幻的联想。

激情的火焰难以久绽，娱乐的喧嚣终归沉寂。回首瞻顾，2005年的这场电视盛宴，至今仍留给人们许多探讨的空间：是什么原因造就了这场多赢格局呢？

湖南卫视的成功，源于其成功的平民战略。它以全国年轻人为目标对象，以大众娱乐为内容，因此在林林总总近300家地方电视台中脱颖而出。

“超级女声”的成功，源于其切合中国社会发展脉搏的草根路线。“超级女声”以普通平民女子为对象，搭建起一个文化娱乐平台，掀起了一场草根文化旋风。

它祭出“大众取悦大众”的旗子，高举“想唱就唱”的理念，与传统的电视歌手比赛相反，走平民化道路，以“海选”方式接纳一切想唱歌的年轻人，把高不可攀的电视节目变成“一场没有门槛的大众歌会”，这是它赢得多数草根参与的根本原因。活动过程中，歌手的原生态展现，评委的“个性化”点评，大众票选淘汰，层层选拔淘汰晋级，对观众、选手产生了强大的冲击力。“超女”、“海选”、“PK”等词汇领一时风尚，犹如一个巨大的磁场，吸引了越来越多的人心；又如一股飓风，把越来越多的立场各异的人卷入其中，激发如潮的舆论。

有人把“超级女声”的海选方式、机会均等的理念归结为“超女式民主”，也有人痛贬“超级女声”为“恶俗”。“超女”为吸引眼球而采用的海选形式和机会均等理念只是对其娱乐本质的包装，如果以此与政治民主牵连起来说事，自然会夸大这个娱乐节目本身的力量。

习惯以精英艺术、高雅文化为食粮的精英阶层，面对全民狂欢式的娱乐风潮发出“恶俗”之评，似乎也没能改变电视业走上娱乐化道路的势头。湖南卫视并未因为被贴上这类文化标签而退却，“超级女声”也未因为被贬入“恶俗”而削减影响力。

2005年的“超级女声”以电视媒体为主要载体，把中国草根文化引向了一个新的高潮，标志着电视选秀节目高热时期的全面来临。这类节目大都以《美国偶像》为蓝本，通过才艺竞赛的方式来展现真实的人生经历，晋级模式具有很强的观赏性。“选秀经济”这个词也开始被人们广为熟知，而有人把湖南卫视称为“选秀经济学”的创始人。

地方电视台在市场上呼风唤雨，中央电视台也不甘居后，“星光大道”成为与“超级女声”同一时期走草根路线的电视歌唱类娱乐节目的顶梁之作。“星光大道”于2004年10月9日推出，坚持以“百姓舞台”、“百姓自娱自乐”为宗旨，突出大众参与性、娱乐性，不仅在中央电视台综艺频道收视率上一路领先，而且为社会培养输送了阿宝、凤凰传奇、李玉刚、风云组合等一大批优秀的百姓歌手。

选秀节目的数量在2007年达到最高峰，但节目的质量却每况愈下。2007年8月15日，广电总局叫停重庆卫视“第一次心动”。8月23日，广东电视台公共频道“美丽新约”也因同样理由被叫停。

经过2008年的沉寂、整顿，2009年选秀市场风云再起。湖南卫视的“快乐女声”、深圳卫视的“金钟奖”、江西卫视的“红歌会”……电视选秀节目仍然轰轰烈烈地进行着，证明了这种草根娱乐文化的强大生命力。

2012年，浙江卫视的“中国好声音”突如其来，掀起电视草根娱乐节目的新一轮狂潮，接过草根娱乐文化大旗，宣称“在这个舞台上，不分性别，不分年龄，不分地域，不分长相，只要能打动你的，就是好声音！”

“中国好声音”一改多年来选秀节目以毒舌、无厘头的煽情、廉价的眼泪、跌破底线的炒作、绯闻为卖点的格局，返璞归真，在对低俗娱乐浪潮的扬弃中实现节目设计的自我突破，尽可能让节目回归到纯粹的才艺展现，以真声音、真音乐为唯一的宗旨，为中国乐坛的发展输送一批怀揣梦想、具有天赋才华的音乐人。

从“超级女声”到“中国好声音”，以草根为对象、以娱乐大众为宗旨的电视选秀节目，走出了七年之痒，通过电视荧屏给社会大众的文化生活制造了一个又一个亮点。正如网民们所期盼的，但愿这类节目不再是昙花一现。

显山露水正当时
——“奥巴马女郎”

俗话说，“有意栽花花不发，无心插柳柳成荫”。2009 年奥巴马到上海科技馆与中国青年交流，没有留下几句有价值的话，倒是无意间捧红了一位中国的“奥巴马女郎”——王紫菲。

王紫菲，上海交通大学的研一高材生，是获得“亚洲小姐”内地总决赛亚军的养眼美女。这年头，美貌与智慧并存的学生一大把，为何只有这个王紫菲能一夜爆红网络？这得先从美国总统奥巴马说起。

2009 年 11 月 16 日，奥巴马在上海科技馆和一干中国青年学生交流问题和看法。一名坐在奥巴马身后的红衣女子，对着镜头，端庄优雅地脱掉鲜红的外套，以一件低调的黑色衬衣示人，试图收敛自己的“万丈光芒”。偏偏就是这惊鸿一瞥的刹那间，摄影师留住了这个永恒。镜头中的女子，挽着黑色的发髻，化着浅浅的淡妆，双手斜放在胸前，高贵娴静、自然大方。而站在她右前方的奥巴马总统，正笑容满面地和学生交流着，对身后的一切毫不知情。

她就是王紫菲，她利用蒙在鼓里的男主角——美国总统奥巴马，演了一场不动声色的“脱衣秀”。一切似乎只是冥冥中的巧合，没有任何潜在的台词，没有任何多余的表情，碰巧坐在奥巴马身后，也碰巧穿了件红外套，更碰巧在镜头对着奥巴马的时候脱了一件惹人注意的衣服。

不知情者可能以为这一切都是无心之举，眼尖的网民可就看到了个中的“阴谋”。

世上哪有那么多碰巧！原来，这不过是一场精心策划的舞台剧而已！剧本早已“写”好，摄影师也早已就位，只等待着男主人公华丽亮相。结果，女主角仅凭借出众的姿色和看似不经意间的脱衣动作，便赚取了媒体无限的猜想和网友疯狂的点击率。

这一下王紫菲可是火了。面对网民炒作的质疑，王紫菲在她的博客《奥巴马总统为我带来了什么?》中一脸茫然无辜地澄清道：“看到误解的新闻已经随小时在递增，我觉得凭借一个人的力量根本无法撼动网络传播的速度，即使辩解也是那么的苍白无力，于是我便采取回避的态度，然世事非我所料，我的沉默反而引起了更多的猜测。”针对网友关于“红衣”的更多疑问时，她干脆演起了悲情戏，“毁灭一个人只要一句话，培植一个人却要千句话，请口下留情吧。谜已揭开，大家不必再猜测。”然而谜底真的揭开了吗？事情恐怕没有那么简单。

数天后，有人在腾讯博客上承认，这是花费 20 万元策划的炒作。当记者希望她有所解释时，她在博客中坚决否认。对于演讲现场脱衣一事，她为自己辩解道：“现场安保极其严格，直至当天早上出发前往科技馆参加接待活动，我们才得知自己大致的座位示意图；进入会场后才寻到自己的具体位置。报道中说：‘经记者调查，王紫菲在奥巴马演讲期间脱掉外套’，此点只需观看当天会议视频便知其假。”很可惜，那位摄影师朋友只顾着拍照片，忘记录视频了。

认真看了照片的人，当会注意画面中旁人的着衣打扮。王紫菲的前面、左面、右面都是男生，穿的都是黑色西服。后面是两名女生，一名穿白色衣服，一名穿黑色衣服。在低调的周围人的衬托下，身着鲜艳红外套的王紫菲，就如万绿丛中的一抹红艳，耀眼夺目，光彩照人。现在的问题是，穿红色衣服出席这样的场合，到底是无心之举还是有意为之？想必王紫菲之心，网友皆知了。只可惜远在大洋彼岸的奥巴马总统，不知是否还记得那遥远东方的“红衣女子”？

再后来，就有业内人士“第二”披露了“奥女郎”的成名经过。“第二”说，“王紫菲确是上海交大在读研究生，事件起因是其经商的男友出资10万元，联络一家北京的网络策划团队，利用奥巴马在上海科技馆演讲的契机，炒作‘奥女郎’知名度，以期王紫菲伺机进入演艺圈’。”事已至此，王紫菲也只得承认这场炒作秀了，这时候的王紫菲得到的是全身口水。

她是聪明的，但聪明反被聪明误。按说在今天这样一个充分发挥人的潜能的时代，追名逐利也并非坏事、丑事，只要不损人，不违法，社会当会持平和心态，宽容对待，理性接受。但显山露水炒作自己之时，还要百般遮掩，搪塞网民，这就有点看轻网民的智商了，愚人者终将愚己，这应该是千百年来一个颠扑不破的道理。

社会需要她身上的资源
——兽兽艳照门解读

“门”这个字在新闻媒体中屡见不鲜，其来源据说与美国前总统尼克松水门事件有关，也就是说，与政治丑闻相关。然而一个充满政治色彩的丑闻事件，被借用到中国，竟然成了国人娱乐和炒作的有利工具，于是就有了虐狗门、郑璇门、张雅茹门、献身门、惠普门，技校门、90后女孩冯仰妍破处门，等等，总之，一切具有炒作和娱乐价值的事件都可以冠以“门”字。

这不，2010年春节刚过，坊间又出了个兽兽艳照门，并且很快成了热点。这门的起因就是三段网上不雅视频，那视频里的主角面容姣好，身材火辣，疑为艺名“兽兽”并有“中国第一车模”之称的模特翟凌。不久，疑点坐实，果真是车模翟凌。这无疑给娱乐圈扔了个重磅“炸弹”，其火爆程度不亚于当年陈冠希的艳照门。有媒体报道称不雅视频可能是其前男友出于报复心理散布，也有人说这是精心策划的炒作，鸡飞狗跳，煞是热闹。

兽兽，原名翟凌，生于1987年8月，身高177cm，北京新丝路模特公司模特，因为其靓丽的外形和高挑的身材惹人关注，在2008年北京车展上，昵称为“兽兽”的翟凌以其清新的气质和魔鬼般的身材被广大网友誉为“中国第一车模”。

如此清纯靓丽的女孩，怎么和“兽”字扯在一起呢？原来这只是她的前男友给她起的一个小名，全名是碧水金晶兽。再看看翟凌自己写的那篇博文《狮子座的信条：不为左右，不随波逐流》的博文，文中写道，要做个“执着的Q版狮子座圣斗士”，看来，她是很乐意这个称呼的。形象点说，她应该是执着的Q版小狮子或是Q版的万兽之王，更确切地说，是Q版的万兽女王——兽兽。

再说说事件本身。不雅视频出现后，与视频相关的各色人等纷纷上镜，各执一词，相互攻讦，弄得我等看众也难分真假。但综合各方言论，事情的真相可能是这个样子：三年前兽兽翟凌初出茅庐时，被前男友（可能也是其初恋男友）拍裸照到处散播，并扬言将其毁掉。这位男友应当是一个占有欲极强的小男生，他不允许兽兽离开自己，并且他的爱情观里，性要大于爱。裸照事件是个导火索，矛盾最终不可调和，兽兽想躲开那个男生，对方以艳照相逼，兽兽越来越无奈，心灰意冷，甚至连自杀的念头都有了。大约这个时候，兽兽的第二个男人出现了，他就是“没起子”杨迪。这里要加个注解，“没起子”在北京话里是没骨气、没出息的意思。杨迪是一个摄影师，他利用家里的关系把兽兽裸照的事摆平了，并且报警托人进行异地监控，然后利用个人关系穷其心力把兽兽推红，杨、翟遂成了男女朋友。杨迪说兽兽博客里的文章大部分都是他写的，他养了兽兽三年，杨家待她如亲生女儿。但随着兽兽名气越来越大，她与杨迪之间的裂痕也越来越大，两人最后以分手告终，于是杨迪在博客里对兽兽进行了公开的指责甚至辱骂。而几乎与此同时，曾经被杨迪“摆平”了的其初恋男友三年前上传的视频再次出现在网络并被疯传。

看兽兽艳照门如同是在看一部热闹的电视连续剧，情节曲折，画面香艳，赚足了观众的眼球。真相虽雾里看花，但结果却一清二楚，那就是得益于这些不雅视频，兽兽的的确确红了。不信，大家可以去看看此后剧情的发展：一方面是大众对兽兽的图片、视频等的点击量大增，猎艳猎奇心理得到极大满足；另一方面是爆出香港导演王晶签约兽兽，将其带入娱乐圈。此后兽兽的事业前景一片光明，只要是车展盛会，或者商业活动，抑或是电视媒体，兽兽都会成为炒作卖点，赚人眼球。

专栏作家黎坚惠曾对年轻一代的性观念评价道："年轻一代对性的观念大部分都是一种视觉的交换，透过互联网的照片、手机的短片，性只是一个视像的记录，而不是探索自己个人身份或亲密关系的渠道。"类似兽兽这样靠裸露出名的人太多，她们应该就是这种性观念的代表者，她们之所以能走向社会，除媒体和网络的推波助澜之外，更多的是整个社会价值观扭曲的结果。在一个笑贫不笑娼的物欲横流的年代，人们不择手段地调动一切因素，包括自身的资源，去获取名利，其他的还有什么说不过去的呢？

有人说，在娱乐圈里没有最堕落，只有更堕落。靠激情视频走红的兽兽，如今商业代言费高达七位数，参加一次规模车展，日进数十万元。这给了后来者一个"成功"的榜样。2012 年 9 月，成都女孩晨诗怡在参加一次模特选拔赛时，突然在舞台上脱光衣服，全裸面对评委和观众。对自己为何脱光衣服的举动，她的解释竟是："我就想成名。"回答得干脆利落，毫无羞涩，毫无遮掩，她似乎在用身体向人们传达着这样一个潜台词：既然社会需要我身上的资源，我需要社会以最快的速度、最快捷的方式给我以名！

这种求名求利的方式，又比兽兽直接了许多！

唯有惊人语，方获惊人名

——凤姐成名的知与不知

凤姐，如今可是天下皆闻的网络名人，不仅国内人人知晓，就连美国《人物》杂志网站都对其进行了专访。说来也怪，这女孩到底有何德何能，让她扬名海内外呢？是出身显贵，还是貌若天仙？是才华超卓，还是事业非凡？

凤姐，全名罗玉凤，出生于重庆綦江赶水镇，父母都是普通农民，且在她7岁时已离异。凤姐身高1.48米，按正常人的审美标准判断，她的相貌应归矮丑之列。她先就读于綦江师范学校，获中师文凭，后又获得重庆教育学院汉语言文学专业大专文凭。毕业后，曾在重庆奉节黄泗小学做了两年教师。2008年来到上海，投出了一万多份简历，求聘岗位遍及各行业，最后以收银员的身份供职于家乐福超市。

就是这么一个普普通通的人，怎么会突然间声名大噪呢？一切皆缘于罗玉凤参加江苏卫视一档情感类节目。在这期节目第18分钟时罗玉凤说道："我9岁博览群书，20岁达到顶峰。我现在都是看社会人文类的书，例如《知音》、《故事会》……往前推300年，往后推300年，总共600年没有人超过我。"有人戏称这一刻"整个世界因凤姐安静了"。网友将视频发布到网上，点击率一下子引爆了。在百度中输入“凤姐”，竟然可得617万条搜索结果。其后，她开出的征婚条件更是雷倒众生，其内容为：

本人找伴侣，一不求帅，二不求富，但求同甘苦，共患难。

本人对伴侣要求如下：

第一，必须为北京大学或清华大学硕士毕业生。必须本科硕士连读，中途无跳级，无留级，无转校。在外参加工作后再回校读书者免。

第二，必须为经济学专业毕业。非经济学专业毕业则必须精通经济学，或对经济学有浓厚的兴趣。

第三，必须具备国际视野，但是无长期定居国外甚至移民的打算。

第四，身高176～183cm。长得越帅越好，必须有刘德华那样的帅气，任达华那样的性感，立威廉那样的俊俏，谢霆锋那样的冷酷，滴呐以及韩寒那样的才气。

第五，无生育史。过往所有女友均无堕胎史。

第六，东部户籍，即江、浙、沪三地户籍或广东、天津、山东、福建、北京、东北三省和内蒙古等地户籍。

西南地区即四川、重庆、贵州、云南、西藏和湖南、青海等地籍贯者不予考虑。

第七，年龄25～28岁。即06届、07届、08届、09届毕业生。有一至两年的工作经验。06届毕业生需年龄在28岁左右，09届毕业生则需聪明过人，且具备丰富的社会实践经验。就职于国家机关，国有企事业单位者不予考虑。但就职于中石油、中石化等世界顶尖级企业或银行者又比较喜欢。现自主创业者要商榷一番。

本人1985年旧历八月初九生，新历生日为9月23日，身高

148cm，平时穿高跟鞋153cm，体重40kg，先就读于綦江师范学校，获中师文凭，后就读重庆教育学院，获汉语言文学专业大专文凭。懂诗画、唱歌、弹琴等。最擅长诗歌与散文，精通古汉语，博览群书。无堕胎史，无生育史。交过几个男朋友，都不了了之。要求男方身家清白，聪慧过人。

啧啧，条件真非一般！为何对男友要求如此苛刻，凤姐的答复是："（他的）智商是不可能超过我了，只能用长相和身高去弥补，这样才配得上我。""以我的智商和以我的能力的话，往前推300年，往后推300年，总共600年之内不会有第二个人超过我。"

当主持人问凤姐："如果说他（指陈坤，凤姐的偶像之一）向你求婚，你会同意吗？"凤姐很干脆地说："我不会同意的。首先他年龄33岁了，我觉得这个太老了。哦。然后他身高可能应该也不足，然后他不是北大清华的，他根本就不可能是经济学专业的。"

对于自己，罗玉凤是这样评价的："要说我写诗的风格嘛，比较像顾城；写文章嘛，人家都说我像鲁迅。我觉得鲁迅的文章可读性和丰富性都比我差一些。300年之后，我的文章还会被人传阅，而鲁迅的不会。""爱因斯坦宏观上不如我，不及我（聪明），差远了，他是一名科学家。我不知道他知道的东西，我不能发明电灯。"

这些狂妄自大而又无知的言论让网络围观者惊叹不已，于是咒骂声四起，只是骂声之中，凤姐红了。

社会心理学者韦志中教授认为，凤姐是典型的病态型自恋人格。一个自我认同有病态的人，可能是两个极端的表现，一种是过分贬低自己，一种是过分夸大自己，凤姐属于第二种。她会继续活在自我建构的自恋环境中，由于当下人们爱猎奇，她还会吸引一些人的眼球一段时间。过了这段时间之后，会有两种结果：一种是，尽管没有人关注了，她还会继续"建构"；另一种是，终于有一天她所建构的自恋的大厦倒塌，自我也就崩溃了。所以，她是一个悲剧人物。

然而凤姐真的如她表现的那样无知吗？

《延河》杂志曾经发表过凤姐的八首诗，如《这是个优胜劣汰的世界》："从天空落下的黄沙/与这个世界无关/与滚动的人群无关/清洁工在收拾一个/从树上掉下的橘子/无家可归的橘子/晨光中，一只刺猬招摇过市。"

《春天的颜色》："我不知道春天是个什么样子/不过是见着一些雪片/在墙根下开花，发芽/一些日子草草地开始/又草草地结束/我看到自己的坟墓了/它面朝南方/它端坐云朵之上/我从没吃过紫色的樱桃/天空绿了/所有的阳光都很耀眼/一些泥沙心满意足/我永远端坐云端以上。"

《徘徊徘徊，我赤裸的盾牌》："眼睛在枝叶间颤颤地哭着/手和脚去了北方，预备冬眠/头在云端，做沉思状/石头裂开，鱼游出来/风把阳光吹走了/树旁的孤影还在/时日很长，时日很短。"

从这些诗歌作品可以看出，凤姐说喜欢顾城应当是真的，这些诗歌有着朦胧诗派的影子，意象也颇为新颖，情感细腻，单看这些诗谁能将它与媒体中那个可笑的粗鄙的狂妄的无知的凤姐联系起来呢?!因此，《延河》杂志编辑刘全德认为，有些人认为凤姐很恶俗，但是她的作品很纯洁，很能打动人。

再看她回答记者有关广电总局封杀她的传闻，她很冷静地说："不管通俗还是低俗，这都是一个人的生活方式。我是网络红人，我是社会大众捧出来的，是一个个网民顶帖顶出来的，所以这并不是我个人的低俗，而是社会。你今天把我罗玉凤按下去了，明天就有下一个这样的人冒起来。我觉得他们应该从整个社会文化着手，而不是打压我们这些混口饭吃、吃了上顿没下顿的可怜人。"

无知的人能说出这番话吗？凤姐所表现的无知狂妄，可能是她的包装，正如媒体人长平所说，她不过是假装无知。她不动声色地将夸耀和无知结合起来，这不仅令人捧腹，而且让人愤怒。因此很多网民说他们对此感到恶心，在对凤姐的评论中挟裹的是不加掩饰的恶意。更让很多人接受不了的是，罗玉凤并没有被这种恶意所打倒，而是从一开始就主动出击，充分利用这种恶意为自己牟利。

凤姐自己的一句话道破了天机：“我上电视的时候一直都是基于社会现实做的判断。”事实正是如此，是这个浮躁的社会造就了凤姐的声名，恰恰是这个社会的土壤和氛围培植出了凤姐的言论和行为。

说到底，出名为着博利。随着凤姐名气爆长，她不断地被请上各种节目，甚至拍电影，做广告代言，由此赚着不菲的报酬。之后，凤姐更是使尽浑身解数，一会儿遭遇求婚，一会儿被鸡蛋砸中，一会儿参加美国中文电视台采访部的面试，到了美国还不忘老本行——征婚，而且征婚条件更为苛刻。说到底，煞费苦心地保持关注度和知名度，只不过是为着牟取更多的利益罢了。

炫富在于扬名

——敢于坑爹的郭美美

2011年6月20日，一女子在微博上公然炫富：名包、别墅、限量版超级跑车、全球纪念版……各种炫目的奢侈品令人目不暇接。她说，光名下几辆车价格加起来足有四五千万。

博主“郭美美 baby”，真名郭美玲，打扮时髦，青春可人。

富贵若此，若为合法劳动所得，大家尚能心平气和，但此女年纪轻轻，何以能有泼天富贵？加之，郭自称中国红十字会商业总经理，本来网民们正为善款去向不明窝了一肚子火，微博一言，一石激起千层浪，网络上声讨郭美美及红十字会的声音此起彼伏，成为当年最令人瞩目的网络事件。

一时间，网民们动用人肉搜索的利器，对郭美美的身份进行一波又一波的刨根问底，有人言之凿凿地称其与中国红十字会副会长郭长江为父女关系，此说正好符合公众对于诸如腐败、暗箱操作等方面的想象，遂广为接受。不过，这种说法随即遭到否认，郭长江压根就没有女儿，红十字会也没有所谓“商业总经理”这个职位。此后，新浪微博也就审核不严道歉，认定郭美美“中国红十字会商业总经理”为子虚乌有，新浪还在第一时间取消了其微博认证。

那郭美玲的真实身份到底是什么？原来她只是一名不知名的演

员，出于炫耀心理，自行杜撰了引人注目的身份，提交新浪微博网站审核，获得加“V”认证。

事情若止于此，大家也不过认为是场闹剧罢了。但随着“郭美美事件”的升级，一家神秘的公司——中红博爱资产管理有限公司，浮出水面。同年7月3日，中红博爱资产管理有限公司法人代表、首席执行官翁涛表示，郭美玲男友是中红博爱公司前董事王军。炫富事件发生后，王军已辞去董事职务。可是，郭美玲在7月4日的微博中申明，王军不是男友，自己的男朋友为86年生人。

本来事情真相快水落石出了，一时间又变得云遮雾绕、谜团重重。考虑到王军与郭美玲年龄悬殊，网友们猜测，郭是不是传说中的二奶？由于不堪舆论压力，郭母郭登峰终于露面，在电视上声泪俱下的讲述事情的真相，原来王军是郭美玲的生父，却只能以干爸相称——“那个时候因为偶然的原因认识了王军，他当时风流倜傥，我立马被迷住了，他也很喜欢我，但是由于他父母的反对，我们分开了。幸运的是，我们分开后没多久，我就发现我有了美玲，为了生下美玲，我匆忙结了婚。后来没想到王军竟然赚大钱了，但我们都已经结婚的事实不能改变，于是我就让美玲认他做了干爹。他特别疼美玲，从精神上到物质上都关心美玲。这就是我们财富的真正来源，美玲不是二奶。”她还透露，豪车玛莎拉蒂正是王军所赠送。

此期电视访谈创下了极高的收视率，除了话题热门外，还有一个原因，访谈主持人为横跨财经与传媒两界、以妙语连珠、言语耿直著称的郎咸平教授。在犬儒盛行的学术界，郎本是一个异类，不时抨击权贵，弱势群体视他为守护神。不料在这次采访中，他的节操碎了一地——郎竟然多次主动帮郭家母女澄清王军与红十字会的关系。连著名记者闾丘露薇都看不下去了，声称：这个采访很失败，引导痕迹太重，没有追问，总是迫不及待地打断对方。事后，愤怒的网民质疑，郎托，你收了他们多少钱？

“不是我不明白，这世界变化快”，当网民们还在云里雾里找不到方向时，郭美美已经赚足了眼球，高调宣布“进军娱乐圈”，不久即推出网络单曲《叮当 Girl》。当网民们如梦初醒，郭美美已经一骑绝尘而去。

2012 年 8 月 7 日晚，郭美玲身着性感的“孔雀服”亮相沈阳西部酒城。当晚，郭美玲着装大胆，一出场就引起巨大的轰动。她在现场还演唱了一首《泰坦尼克号》电影主题曲，大秀英文歌曲唱功。

前不久，郭美美不断通过微博与外籍男友秀恩爱，称对方脾气好所以两人相爱了，外籍男友更深夜下厨为郭美美煎牛扒。日前，郭美美又晒出一张手戴硕大钻戒的娇嗔照片，自言是 5 克拉的婚戒，疑似与外籍男友好事将近。此前，郭美美还微博放言，要做个温柔的羊太太，与兔先生生个小马宝宝。

深谙网络成名术的郭美美，已经骗了善良的网民们一次又一次。这一次，还会有人信吗？

失“贞”的“女神”

——蒙羞贞操女神

何谓贞操?《现代汉语词典》云，贞操即贞节，指封建礼教所提倡的女子不失身、不改嫁的道德。既然是封建的东西，在五四之后“打倒孔家店”的狂飙声中，自然该划为扫除之列，而且它也确实起到了解放思想的作用。一个明显的道理就是：凭什么节操只对女人的失身、改嫁设枷锁，而对男人嫖娼通奸、续弦再娶，乃至娶三妻四妾、依红偎翠不加限制？性权利不平等嘛，如此不合理，当然该打倒，所以时至今日，相信一般人都有这么个观念：女子失身并不是什么要死人的事，即便有时并非意愿，也情可宽恕，至于离婚或丧夫改嫁之事，更是为人们所理解、所倡导，毕竟这样的行为有利于和谐社会的建设。

然而，国人的言行很容易从一个极端走到另一个极端，比如失身一事。谈及失身——当然在众人的意识里，多数时候还是指女子在婚前或婚外被迫发生了性行为，这里为行文方便，暂且认可这种观念，且将外延只是限定于前者——今天已似乎渐忘了这个概念。年轻人，特别是80后、90后，有多少人还守着婚前无性的禁欲线呢？同居和试婚已成为普遍现实，尽管由此会给双方，尤其是女性今后的生活带来不良影响，但在今天这个感官至上、享乐至上的年代，有多少人会顾及五年、八年后的感受?

因而从这个角度来说,鄂州人涂世友自费千元创办“贞操网”,或许不能说出发点是不好的。她揭橥该网站的宗旨是“分享守贞心得,培养青少年的健康性观念,遏制道德沦丧性关系的强势蔓延,净化社会风气”。具体来说,就是“倡导23岁以下青少年婚前守贞”。

事情的发展如果单纯地照此思路落实下去,说不定“贞操网”还真可以别树一帜,令人在这个性关系渐变混乱的俗世里,有心头一紧、眼睛一亮的感觉。可涂世友显然不愿枯守这份单纯,或者说她当初就根本没有“守节”的这种打算,她所祭出的“贞操”牌位只不过是别有目的一种幌子而已。

何有此说?还是用涂世友自己的言行来证明最有说服力。

2011年11月,她请人建起了“雅品贞操网”;

2011年12月,38岁的她在微博上公布了自己的“处女鉴定报告”,且自称“贞操女神”。

这就难免让人疑窦丛生了:

其一,她所拿出的炫诸于众的,同时也是足以自豪的资本是她的那片完整的处女膜,也就是把自己最隐私的部分亮给众人围观,这对于一个别说受过传统文化熏陶,只说受过高等教育的东方女子来说,是否在为着某种目的而开掘自己身上最大的,也是最后的一点资源?否则谁会干这种毫无廉耻的买卖?

其二,按照涂世友的逻辑,处女就等于处女膜,处女膜就等于贞操。殊不知,现代医学早就证明,剧烈运动亦可导致处女膜破裂,倘使如此,人家岂不是由“伤身”变成了“失身”?而且涂世友也应该明白,在医学技术日渐发达的今天,修复处女膜已非难事,医院能证明她涂世友的处女膜的完整,莫非就一定能证明她的女儿之身的贞洁?

其三,话说回来,即便医院证明了她涂世友的处女之身,它对于一个已经38岁的女人来说，又意味着什么？意味着她婚前守贞，拒绝性生活？非也，因为她自己也承认，除了在考研时有一个男生曾对她表示过好感之外，她从来就没有实实在在地谈过一场恋爱，更别谈“婚”了。所以我们只能说，那份医学证明，只能说明她抓住了部分人的“处女”心理而已。

其实疑窦越多，关注越甚，恐怕这才是涂世友所要达到的效果。

在回答某记者的访问时，直率的涂世友终于抖出了谜底：“炒作!”，“网站要推广出去，就必须有所牺牲，就要搞一些能引起大众关注的东西”，“目前我前期的炒作已经成功了”，“以后我还会搞一系列的炒作营销活动出来的，你们就拭目以待吧!”

果不其然，三个月后，2012年3月20日，涂世友在新浪微博上发布征婚消息称：她所要找的男友，“党员，公务员，处男优先”，且“婚后三年考察期不能过性生活”。稍谙事理的人就会明白，这又不过是她涂某人炒作方案中的一次策划而已：因为找男友跟党员、公务员有什么必然联系？处男又如何鉴定？再说你涂世友已近不惑之年，你要找一个年岁相当的处男，恐怕真的只能像网友吐槽的那样，“到月球找”去了！还有，既已结婚，却硬要给人一个“不能过性生活”的“三年考察期”，这是哪来的道理？

好在热闹的网民中仍不乏诸多理性之士，对于涂“女神”的连番炒作，除了让人摇头一笑之外，大家似乎并没有留下更多的印象，开站至今，“贞操网”依旧像从前那样，不声不响地发着一些少女怀孕、女子被奸的文章，“贞操女神”也依旧像从前那样，一个人寻觅着她的爱情。

提倡贞操并非坏事，但如果把网站作钓竿，把贞操作钓饵，把名利作战果，那就不仅有辱贞操之名，简直有害腴之实了，毕竟一个社会应有其起码的廉耻观，虽然你主观上并没有伤害某个具体的人。

网词网事

换季之时，人易生病；转型之际，事发多端，而日渐普及的网络，又为这些事端的传播、发酵乃至解决起到了必不可少的助推作用。就这样，一批批简洁、新异、意深的网词网语，也就随之相伴而生。

这里既有旧词新意，如“躲猫猫”、“俯卧撑”、“打酱油”之类，也有新词原创，如“梨花体”、“羊羔体”、“正龙拍虎”之类，虽说来源有别，可表达的却是网民的智慧和情感，传递的是对社会现象、社会心理的诉求和感悟；虽说幽默中泛着无奈，反讽中夹杂戏谑，可人间的嬉笑怒骂、正邪奸忠于此也可见一斑。

至于官家或为推责，或为敷衍而飙出的雷人官话，经过网络播扬之后，只怕也要永远贴在某些人的脸上了。

诗意的溃败
——赵丽华“梨花体”

如果有人说你是一个诗人，你可得注意了，这可不一定是在夸你，很大程度上，这或许是别人对你的一种调侃与揶揄。这话听起来有点不太搭调，但细想起来却很有些道理。曾经被誉为是文学中的文学的诗歌，如今在市场经济下最先受到冲击，因此有人说诗人在今天已经死了，这正如尼采说上帝死了一样。可偏偏有人不甘寂寞，以诗的名义上演了一出出肥皂剧，因此各种诗人诗体在今天层出不穷，你方唱罢我登场，诗坛上很是热闹。

而这其中出现最早、影响最大的一种诗体非“梨花体”莫属。何谓“梨花体”？是仿唐代诗人岑参的“忽如一夜春风来，千树万树梨花开”而作的诗体吗？非也。

原来，这“梨花体”是因一位名叫做赵丽华的女诗人的名字谐音而来。赵丽华出生于1964年，河北霸州市人，中国作家协会会员，国家一级作家，据说曾担任过第二届鲁迅文学奖诗歌奖评委，兼任《诗选刊》社编辑部主任。看来来头不小，从简历上看似乎应当是当代诗坛举足轻重的人物，想必诗也一定写得很不错吧！请看她的两首作品：

“毫无疑问/我做的馅饼/是全天下/最好吃的”（《一个人来到田

纳西》）

“一只蚂蚁，另一只蚂蚁，一群蚂蚁/可能还有更多的蚂蚁”（《我终于在一棵树下发现》）

有人看了会哑然失笑，可能会说，如果这样的诗都叫诗的话，那么谁都可以当诗人，但事实却是，赵丽华和她的诗火了！那么“梨花体”是如何火起来的呢？

赵丽华的诗第一次被广泛关注始于网络。2006 年 8 月的一天，有人以赵丽华的名字建立了一个网站，这个网站粘贴了赵丽华 2002 年之前的一些短诗作品，还炮制了一些伪诗，如《黄瓜诗》、《谁动了我的花内裤》等，并配上“鲁迅文学奖评委、国家一级女诗人”的标签到处转贴。从 2006 年 9 月 13 日开始，一个名为“梨花教”的 ID，在天涯社区的娱乐八卦论坛，发出题为《在教主赵丽华的英明领导下，“梨花教”隆重成立》的主帖，八天之内，这个 ID 一共发出 28 个与赵丽华有关的主帖，有关回复不计其数，最终使得赵丽华红遍天涯，红上新浪，并且进入寻常百姓家……当时，几乎所有的网媒、纸媒、广电媒体都参与进来，争相报道，有些网站还推出了仿制赵丽华诗歌的“做诗软件”。一时间，各式各样的“诗歌软件”几天时间内竟“写出”了几十万首诗歌，嘲讽、谩骂、仿写和恶搞狂潮迭起，诗坛由此出现了“赵丽华诗歌事件”，有媒体称此为自 1916 年胡适、郭沫若新诗运动以来的最大的诗歌事件和文化事件。

随着赵丽华诗歌事件的逐渐升温，围绕“梨花体”的争论也慢慢展开，在争论中两派的观点也泾渭分明：以 80 后作家韩寒、足球评论人李承鹏、董路等人为代表，对赵丽华的这种诗风持坚决否定态度，韩寒甚至毫不客气地说：“现代诗歌和诗人都没有存在的必要，现代诗这种体裁也没有意义。”支持赵丽华的一派也站了出来，一些先锋派诗人最早表达对赵丽华的支持，80 后作家兼诗人孙智正的博文《赵丽华的诗歌很牛比，跟帖的网友很傻比》及 70 后作家兼诗人芦哲峰的博文《赵丽华的诗是一面照妖镜》，立刻被新浪网推为博首。之后，支持赵丽华，认真评价赵丽华诗歌的文章相继在各个网站出现。乐趣园专门对赵丽华诗歌进行了大讨论，天涯网的天涯诗会“斑竹”，公开打出了“赵丽华的诗歌就是天涯诗会优秀诗歌评判的标准！你们去恶搞吧！”这样的标题。伊沙、沈浩波、东篱、山上石、尹丽川、孙智正等用上百篇犀利文章围攻韩寒，网络上一时间腥风血雨，龙争虎斗，煞是热闹。张颐武等文化学者以及一些先锋画家、摄影家、时评家、导演、音乐人、网络作家也纷纷表态，表示支持现代诗，支持赵丽华。

热闹之中，“梨花体”的当事人赵丽华也公开出来对此事表态。2006年9月18日，赵丽华在新浪开通博客。她认为自己被恶搞了，她还列举了当下一些著名诗人的名字，认为：“如果把这个事件中对我个人尊严和声誉的损害忽略不计的话，对中国现代诗歌从小圈子写作走向大众视野可能算是一个契机。”赵丽华此番公开表态，虽然没有终止网络上针对其本人及诗歌的恶搞，然而却引发了诗坛、学界对当代新诗创作的更严肃的讨论。2006年11月27日，《诗歌月刊》、《乐趣园》、《伯乐》在北京现代文学馆，共同主办了题为《颠覆！全球化语境下的汉语诗歌建构专题研讨》的研讨会，几十位重要诗人参加了会议，赵丽华也列席其中。研讨会把现代诗歌放在急剧转换的社会背景下进行考察，放在全球化语境下审视“恶搞事件”暴露出来的有关现代诗歌的问题和矛盾，并对中国整个文化环境问题进行了讨论。对诗歌而言，这的确是一件幸事！

在此后的2007年，赵丽华的其他一些作品也纷纷被展示出来，她本人也在新浪博客里贴出其被恶搞以外的其他诗作，如《海伦》、《月亮》、《春风与春雨并不是孪生兄弟》、《让世界充满蠢货》等，让人们逐渐了解一个更真实的赵丽华。从此以后，人们开始纷纷重新评价和支持赵丽华。一些较大网站开始制作了重新评价赵丽华的专题，博客中国的专题为《恶搞梨花诗的时代已经过去了》，大旗精英博客和华声社会所作的专题为《哪一个才是真实的赵丽华》，新浪网在赵丽华诗歌事件周年之际推出《赵丽华诗歌事件周年祭》专题，并附有12 位诗人、作家的支持文章。“赵丽华诗歌事件”自此告一段落。

纵观“赵丽华诗歌事件”始末，下列问题是我们不能回避的，即是什么原因让诗歌成为“恶搞”的对象？我们今天的诗歌离大众有多远？我们诗人能否以一种真诚的态度去面对读者，反映生活，从而打动读者，赢得读者的心，使当代创作的白话诗歌也能像唐诗宋词一样贴近读者的心？如果一味孤芳自赏、自吟自唱或是无病呻吟，那么在网络时代被恶搞就怨不得别人了。

白领女性的职场宝典

——杜拉拉现象之启示

2009 年的文化市场被一位女性的名字所覆盖，那就是迄今为止依然被誉为白领女性代表的杜拉拉。

杜拉拉，是小说《杜拉拉升职记》中女主人公的名字。这部小说中的杜拉拉是一名普通的外企白领，姿色中上，受过良好的教育，但出身草根，没有任何背景。这样的身份设定，就让她跟职场中漂泊和打拼的大部分人，尤其是大多数女性一样，属于普普通通的白领阶层中的一员。可这么个普通的小白领，到底有什么魅力吸引大众的眼球？这么部寻常的小说，到底有怎样的秘密使其荣登职场宝典的高座呢？

话还得从该小说的出版商说起。

五年前的某日，民营出版公司博集天卷副总王勇在和讯博客里无意间看到一篇办公室题材的帖子，虽然不长，只有 2000 多字，但故事却讲得活灵活现，“有情节，有个性，有生活”。也许正是这些生活化的东西吸引了他，他随即联系了博主李可，表达了想请她写一本职场小说的意愿，李可欣然应允，于是《杜拉拉升职记》应运而生。

博集天卷将这本书包装成职场励志小说，封面加了红色亮眼腰封——“她的故事，比比尔·盖茨更值得参考。”2008 年这本书在当当网、卓越网创下了连续七十几周位列小说排行榜第一名的纪录。

2009年4月,《杜拉拉升职记》第2版第17次印刷,封面上,书商用“中国白领必读的职场修炼小说”推介该书,图书销量迅即突破350万册。

小说的热销使得杜拉拉现象迅速升温,网上出现了成千上万读者自发写的书评。当年百度搜索中有关《杜拉拉升职记》的网页高达1460万篇,相关新闻也有三万余篇。“杜拉拉”成为炙手可热的网络检索词,许多网络贴吧和SNS网站,都成立了“杜拉拉”专门讨论区,无论点击量还是评论数都火爆得令人咋舌。

接着杜拉拉现象开始以链条式的反应蔓延至整个文化产业。《杜拉拉升职记》衍生出众多的文化产品,系列图书、话剧、电影、电视剧等文化产品已创造了三亿元的市场价值,形成了跨越多种媒体的文化产业链,在市场运作上取得了巨大成功。而且由知名演员徐静蕾自导自演的同名电影《杜拉拉升职记》也以1200万元的投入创造了1.2亿元的票房。

杜拉拉现象引发了网民大讨论。这个简单的故事触及到了正在成型的、拥有千万大军的都市白领阶层的神经。杜拉拉开始形成社会话题,无处不在,因而杜拉拉走出小说、银屏,成为一种社会现象,或者一种青年文化,引发了人们许多深层次的思考。因这本书,人们开始思考:在当时全球金融危机背景下,千千万万和杜拉拉一样的普通的打工者如何适应各自的职场环境,实现自己的工作理想和职业规划?

许多媒体调查过人们热衷《杜拉拉升职记》的原因,结果显示,67.3%的人是为了学习职场生存术,50.2%的人被她独立奋斗的精神所打动,另外38.8%的人在杜拉拉身上看到了自己的影子。

或许在众多的都市漂泊者心中,杜拉拉正日益成为一面镜子、一个标杆,她身上体现着职场的生存智慧,鼓励着前赴后继的职场新人尽快成长；鼓励着在职场中摸爬滚打的失败者，尽快找到成功的法门；而那些已经爬上某些高位的人，也可以对照着杜拉拉，读出自己一路走来的辛酸苦乐。

小说中那些真实再现的公司职场生活，外企工作的细节和应对职场困境的技巧，让很多读者从杜拉拉身上看到了希望，获得了启示，学到了实用的“生存技巧”。当当网一位网友发表书评说，小说主角的职场经历确实能在人际关系、工作技巧、自我评估等方面给了白领们一些启发。正如小说作者李可在此书序言里强调的，“希望杜拉拉对人们的生活有一些超越职场的现实意义，实现我分享经验和教训的初衷”。

事实上，生活在急剧变革社会中的我们，人人都是杜拉拉，都在滚滚红尘中挣扎与浮沉，或哭或笑，载浮载沉。杜拉拉的经历和精神气质之所以激励着各种职场中摸爬滚打的芸芸众生，使其努力奋斗，实现人生理想，说到底，还是因为杜拉拉的身上多少都是“我”的投影。

一句话戳穿了一层天
——“我爸是李刚”

2010年10月16日晚9时40分，一辆牌号为“冀FWE420”的黑色大众迈腾轿车，在河北大学新区易百超市门口，将两名正在玩滑轮的女生撞飞。次日，被撞女生陈晓凤经抢救无效死亡，另一女生张晶晶经救治后脱离生命危险。令围观者大感惊诧且愤怒的是，驾车男子撞人后，不仅不停车施救，反而继续开车去接女友；待其返回途中被众人拦下后，他不仅不表示歉意，反而高叫：“有本事你们告去！我爸是李刚！”

后经查实，肇事者李启铭（又名李一帆），系河北传媒学院08级播音主持专业学生，当晚为醉酒驾车，其父是保定市北市区公安局副局长。

此事被迅速传至网上。

10月16日晚11时05分，有人即在百度贴吧发帖《今晚的车祸》，介绍了此事的经过。当晚的跟帖进一步延伸说：“保安让他下车，他说‘我爸是李刚’。大家努力转载啊，搜索李刚，人神共愤，力灭其嚣张！”

事已至此，便只能由网络去发酵、膨胀了。

10月17日，天涯论坛、猫扑网等媒体贴出类似的帖子，网民掀起点击高潮，猫扑网的当日点击量即达143万。猫扑网还在此日发起

“我爸是李刚”的造句，短短数日，网民便造出了30余万条与“我爸是李刚”相连缀的句子，据此而改编的快报、歌曲、网络视频等也如潮水一般喧腾于网上。

于是，网络便以特有的传播力制造着传播神话，并以其铺天盖地的舆情力量推动着事件的发展。

10月21日下午，李启铭之父李刚接受央视独家采访。面对镜头，李刚数度哽咽，除鞠躬致歉，表示“对不起受害者，给受害者带来了痛苦”，还表示听从法律对儿子的处理，“绝不袒护”。

三天后，李启铭因涉嫌交通肇事犯罪被望都县人民检察院批准逮捕，同日保定市公安局发言人也表示，法律面前人人平等，无论何人触犯法律，都将严格依法惩处。

10月26日，河北省省长陈全国在一次会议上表示，对河北大学醉酒交通肇事案要“依法严肃处理”，随即河北省委派驻工作专班驻河北大学处理此事。

不久，国外媒体也开始关注中国的这一事件。

11月18日，《国际先驱报》以《中国隐晦笑话：我爸是李刚》为题，在头版头条报道了此事。

《纽约时报》国际版也以同等规格、几乎同样的标题—《China's bitter joke：“My father is Li Gang”》刊登了此消息。《纽约时报》的网站为此还发表了评论。

三个多月后，2011年1月30日（农历腊月27日），李启铭交通肇事案一审开庭，法院以交通肇事罪判处李启铭有期徒刑六年，后在上诉有效期内，李启铭未上诉，判决遂生效。此前李家与受害者亲属经过积极协商“和解”，最终赔偿陈晓凤亲属46万元，张晶晶亲属9.1万元。

一件交通肇事案，何以因为一句“我爸是李刚”而引发如此强烈的舆论狂潮呢？追根溯源，这实质上是长期以来人们积压在胸的对权力阶层“官一代”、“官二代”不满的一次大爆发，是人们对权力阶层权力泛滥的一次集体声讨。“李刚”不过是这个权力阶层的一个符号而已，“我爸是李刚”也不过是引爆火药的火星而已，即便没有今日的“李刚”，亦会有他日的“王刚”、“张刚”出现于众人的视野，爆出同样的声音，带来同样的后果。

千百年来，官本位观念就像血脉之于肌理一样，早已融入国人的潜意识之中，当官似乎成了某些国人生命的全部意义。在他们眼里，当官意味着掌权，掌权即意味着威福在上，高人一等，意味着只手遮天，玩政令法律于股掌，意味着一人得道，鸡犬升天；掌权还意味着得势，得势即意味着人脉熟络，四海通吃，逢凶化吉，无所不能！

改革开放以来，在追求经济高速发展的政策引导下，人们都在追逐个人利益的最大化，各种欲望已像滔天洪水一样冲击着人们的道德底线。而在这各种欲望之中，权欲更成为相当一部分人追逐的价值取向，因为在没有太多有效监督的社会环境里，权力本身掌控及衍生出的资源，已在这个市场经济的社会里，大量幻化出常人难以获得的利益及力量，具有呼风唤雨通关过节、游离于法律的魔力，甚至具有与法律交易、使法律屈服的魔力，因而人们对权力价值的认同和崇拜，也就可想而知。这从一年盖过一年的“国考热”中，从武汉市少先队副总队长的“五道杠”中，从巴中市四个贫困县配备的 44 个正副县长中，即可见一斑。

也许李刚并没有告诉李启铭官帽的好处，也许李刚并没有教导李启铭如何用官帽来压人，但李启铭生长在这个官宦之家，李刚周围人对李刚的态度，相信他是耳濡目染，眼见为实的，所以在撞飞他人时，他首先想到的不是认错救人，而是有恃无恐，狐假虎威，打出父亲的牌号，作护身的符咒，以威胁众人，消灾弥难。这对他来说，也就成了再正常不过的反应。

隐忍的牢骚
——打酱油

不得不承认，这是个富有传奇的时代。也许某一天你穿着家居服，行走在自家小区外的街道上，然后你就“火”了。说出来令人难以置信，可是传奇确实常常发生在这个媒体泛滥的时代，无时无刻不在冲击着我们脆弱的神经。广州电视台记者的一次随机采访，让一位普通市民的一句随口而出的话，成为2008年网络上红极一时的流行语，明星已不再是我们仰视的遥远存在。

当时的情形是这样的：广州电视台《今日报道》栏目想做一期关于艳照门的电视报道，于是进行了街头随机采访。当被问道：“你对艳照门有什么看法”时，某位男性受访者从容应答道：“关我什么事，我是出来买酱油的……”这段视频被网友搬到网上之后，被采访者淡定从容的态度，伴随着一句诙谐幽默的“买酱油”，一下子成为网民追捧的对象。

在这里，众网民被“酱油男”的气质折服的同时，还在网络中用各种恶搞和调侃为“酱油男”造势。他的肖像图片被网友使用Photoshop（图片后期制作软件）修改，成为恶搞的素材；百度也为这位酱油哥建立了专门的贴吧。“打酱油”迅速成为很多论坛的广泛用语。网络搜索的词库也出现了“打酱油”的专门词条，并将这一短语的内涵解释为：若想表示不清楚某事，或者不想谈论某事时，都可以用“打酱油”。就这样，本为一种家长里短的生活短语，顿时萌生了许多别样的意蕴。

随着“打酱油”的流行延续，网友们又将其提升到一个新的“高度”，号称“酱油族”、“酱油党”的这群网民，书写了如下的“酱油党”宣言：

> 打酱油是一种态度，所谓的沉默的大多数，所谓的“非暴力不合作”；
>
> 打酱油是一种生活，既不是单纯地看热闹，也不是简单地路过；
>
> 打酱油是一种娱乐，冷眼旁观他人的喧嚣，静静品味自己的沉默；
>
> 打酱油是一种境界，我也曾经热血激愤过，但是我现在什么也不说。
>
> 打一瓶酱油，从扎堆的人群旁悄然行走，你们吵你们的吧，我只是路过一下，便要回归到柴米油盐酱醋茶的生活。

“酱油”是什么？生活七件之一是也。人们纷纷追捧这一生活琐碎语词，似乎并非简单的娱乐和打趣。从某种意义上来说，“打酱油”的流行实则是人们对于这个娱乐至死时代中泛滥的炒作、隐私的过度贩卖的一种牢骚。只不过这种牢骚，带有一种无奈的隐忍和沉默的挣扎。

媒体提供给我们的世界，不知道从何时开始变得异常喧嚣和吵闹。各种明星的生活私事成为新闻报道的焦点和热点，家长里短的争吵成为媒体贩卖的重要内容，各种消息真真假假、假假真真，无从辨识，而不得不置身于媒体世界的人们，在不断遭遇堆砌的炒作、隐私、琐事之后，开始产生了看客的疲惫和厌倦。而“打酱油”的出现，或许正是对这种喧嚣的消极抵抗和无奈的疏离。不是不愿意关注，只是关注了又能怎么样？不是不想发表看法，只是发表了看法又与自己何干？于是，选择了以柴米油盐酱醋茶的方式，重新回归到日常生活内容中，试图与那些喧闹的媒体保持一定距离，为自己淡然的心境保留一份喘息的空间。

悲剧中的荒诞

——俯卧撑

俯卧撑，本来是再普通不过的健身运动方式，却令人啼笑皆非地成为了现如今的网络流行语。难道是因为受到奥运精神的感召，大家都开始钟爱体育了吗？实则不然。这词儿火起来，还得“归功于”瓮安事件新闻发布会上，贵州省公安厅政治部主任、省公安厅新闻发言人王兴正对一起发生在贵州瓮安地区的死亡案件的死因解释。

瓮安事件起因是一位17岁少女李树芬溺水死亡。根据调查结果，公安局认为李树芬系跳河身亡，属自杀。死者家属对此调查结果表示不能接受，坚持认为有奸杀的嫌疑。为此公安机关实施了复查，但复检再次确认的结果还是不能让家属满意。6月28日下午，部分群众聚集到县政府和县公安局，从而引发了大规模人群聚集围堵政府部门和少数不法分子打砸抢烧的突发事件。

贵州省公安厅新闻发言人王兴正在7月1日晚间的新闻发布会上，对李树芬溺水死亡细节进行了如下描述：

2008年6月21日20时许，瓮安人李树芬及女友王某、李树芬的男朋友陈某及陈的朋友刘某等吃过晚饭后，步行到西门河边大堰桥处闲谈。李树芬在与刘某闲谈时，突然说：“跳河死了算了，如果死不成就好好活下去。”刘见状急忙拉住李树芬，制止其跳河行为。约十分钟后，陈某提出要先离开，当陈走后，刘见李树芬心情平静下来，便开始在桥上做俯卧撑。当刘做到第三个俯卧撑的时候，听到李树芬大声说“我走了”，便跳下河中。刘见状立即跳下河去救李树芬。王某急忙打电话给陈某，并大声呼叫救人。陈立即返回河边，跳下河中帮忙施救，陈见刘已体力不支，便用力先将刘拉回岸上。王某、刘某随即报警，并打电话通知了李树芬的哥哥李树勇。

此描述中涉及的细节并不符合一般性常理，也未能合理地解释死者真正的死亡原因。刘某“在桥上做俯卧撑”这一说法更是让人萌生出了种种疑问。此解释出台之后，“俯卧撑”就成为本事件的关键词，被网友们以各种恶搞的形式迅速传播。7 月 1 日 19 时 59 分，天涯论坛网友“流芳苑主”发表了《吃面要吃雪菜肉丝，做运动要做俯卧撑！身体倍儿棒!》的帖子，一时间网友纷纷效仿，此类帖子顿时井喷。7 月 2 日开始，百度“俯卧撑”贴吧热起来，到 7 月 3 日下午帖子数已经破万。随后有人在豆瓣网站上成立了“俯卧撑小组”，网游“魔兽世界”里也随即出现了一个名叫“河边的俯卧撑”的任务日志。网友们给原本单一注解的“做俯卧撑”加入了更深层次的含义。

有人曾经说过：“生活永远比小说精彩。”“俯卧撑”的荒诞，让我们看到了生活戏剧性，同时也让身处于这种荒诞中的人们心生愤怒和悲凉。显然，作为一种民意的表达，网民恶搞“做俯卧撑”，既是对这一社会事件的关注，也是以一种调侃的方式，间接地表达对于刘某晚上“在大桥上做俯卧撑”这一原因解释的质疑，更是对官方处理此事表现出的责任感缺失的批评和指责。由此而言，“俯卧撑”成为网络流行语，正是一种世道人心的展示。

略带戏谑的“俯卧撑”折射出网民对了解现实公共事件真相的渴求，表达出对权威机关愚弄民众的话语方式的出离愤怒。信息的不公开或许会让民众产生迷茫和无奈，但是对事件真相的拙劣掩盖却更让有自觉意识的民众感觉到了愤怒和屈辱。“俯卧撑”的流行，正是网民以一种口号的方式呼吁着公共事件信息公开化制度的建立和完善，因为只有拥有透明化的信息公开机制，政府才能在民众心中重塑公信力的权威形象。

无奈下的恶搞

——叉腰肌在哪？

忽如一夜春风来，网络引擎随处可见“叉腰肌”！2008年，如果你没听说过“叉腰肌”，你肯定就不算关注过国足。但叉腰肌是什么肌，怎么从没听说过？

这事还得从中国女足说起。2008年8月17日8时30分，奥运赛失利的中国女足在香河基地进行赛后总结，队员们都按要求进行了书面总结报告，部分队员难忍出局的命运当场痛哭，场面甚为感人。但就在这种气氛中，最后一个发言的中国足协副主席谢亚龙却打破这种局面，指责中国女足简直就是“无斗志无能力”的反面典型队伍。他以巴西队为例教育女足球员：“人家巴西队技术那么好，大牌那么多，人家却在晚上11点去酒店健身房练力量，你们什么时候练过？”越说越气的谢亚龙提出了一个专业名词——“叉腰肌”，他指出，中国女足身体肌群中最需要训练的是“叉腰肌”，只是姑娘们并不知道他所说的这块肌肉部位到底所指何在。

谢亚龙的这一番话所具备的专业含量，同样让网民膜拜，并引发了网络上探究“叉腰肌”这一词语源流的热潮。有网友留言道：“甚至连谷歌和百度两位大神也无法告诉我，究竟哪里才是叉腰肌，怎么才能练好叉腰肌。”甚至有网友在“百度知道”里悬赏30分求解

“叉腰肌在哪”这个问题，认为这是一个医学、人体解剖学以及体育运动的新课题。

关于叉腰肌语源性考证，已有“气功用语”、“洗浴业用语”等多种不同考证，但这些都已沦为笑谈——网络迅速跟进这一热词，各种戏仿此起彼伏。如“叉腰恒久远，一肌永流传”、“练了叉腰肌，嘿，还真对得起咱这张嘴”、“叉腰肌，大家练才是真的练”、“做叉腰健儿，人人都有机会”等。

中国广大球迷对于“国足”这两个字的体会可谓五味杂陈，大体上可表述为“哀其不幸，怒其不争”。正是基于对我国足球事业的关心和期待，这项杂糅了当代中国人无数次希望和失望交替的复杂情绪的体育运动，也成为众多民间笑话戏谑调侃的对象。如果撇开对我国足球运动发展的理性思考，单纯只是谈谈“叉腰肌”这一网络热词的形成，不难看出其中产生的情绪化的宣泄和浅表的质疑。有些恶搞是为了快乐大家，有些恶搞是为了愉悦自己，而有些恶搞则是为了发泄情绪。基本上，“叉腰肌”的流行是属于第三种原因的恶搞。

到底是对这个体制的无奈，还是对某些人的无奈？是对现实状况的无奈，还是对体育思想的无奈？对这些疑问的表达或思考，以这股恶搞的方式呈现给世人，或许才是一种现实的选择。

看起来是错在逻辑上
——躲猫猫

“躲猫猫”，缘于《云南信息报》的一篇报道。

2009 年 2 月 14 日该报报道：24 岁的玉溪北城镇男子李荞明因盗伐林木被刑拘，1 月 30 日进看守所，2 月 8 日下午受伤住院，4 天后在医院死亡，死因是“重度颅脑损伤”。

报道中说，当天李荞明受伤，是由于其与同监室的狱友在看守所天井里玩“躲猫猫”游戏时，遭到狱友踢打并不小心撞到墙壁而导致。而当地另一家媒体报道称，警方调查结果显示，李荞明“躲猫猫”时眼部被蒙，所以“不慎撞到墙壁受伤”。

对于李荞明“因玩‘躲猫猫’致死”，不仅李的家人不能认同并猜测是“有人有意推搡或击打造成”，绝大多数网友也对这个说法表示强烈的质疑。网友认为，“我以为是畏罪自杀撞墙撞死了，没想到是‘躲猫猫’死了！完全超出我的想象力了。”“虽然躲猫猫没有做俯卧撑累，但还是死人了！请问天底下还有安全的游戏和健身方法吗?”某网站的论坛里发帖人本来都在讨论童年游戏的乐趣，而以 2 月 13 日 15 时 46 分发出的《躲猫猫撞到墙》的帖子为标志，这个论坛迅速被“征用”而成为网友们谈论此事件的场所。不仅有“豆瓣观光团”、“网站观光团”到此一游，还有网友发表“上联：前有俯卧撑；下联：后有躲猫猫；横批：荒谬绝顶”的对联，甚至有“对此事件的涉案人进行人肉搜索”的号召。百度百科也于 14 日对“躲猫猫”词条进行了针对性修改。

然而，此事的发展并未停留在网友的调侃中，紧接着云南省委宣传部发布的一纸公告使事情有了质的突破。“躲猫猫”成为社会关注热点后，云南省委宣传部于 2 月 19 日发布公告，公开面向社会邀请网友和社会人士参与调查。在 15 人组成的事件真相调查委员会中，有 8 人是网民和社会人士，其中主任和副主任均由网民担任。这一做法开了邀请网民参与重大敏感问题官方调查之先河，体现了执政者对网络民众舆论的重视与尊重。

2 月 25 日此案件真相得以大白天下——这是一起在押犯罪嫌疑人，以“躲猫猫”为名，殴打，施暴，致使李荞明身亡的事件。李荞明身亡后，涉案人员为逃避法律的制裁，编造了李荞明在游戏中不慎自己撞墙死亡的谎言。普宁县公安机关在没有深入调查取证的情况下，公布了李荞明是在游戏中不慎死亡的情况，从而造成了这种荒唐说法的出笼。

不论这件事情的结果如何，云南省政府机关在解决事件过程中的反应和举措是值得当前其他地方行政部门借鉴的。过去在一些地方，一旦出现引发社会高度关注的恶性事件，领导的第一反应就是“捂”、“压”、“盖”。殊不知在信息化社会，特别是在互联网得到普及和应用的时代，任何事件在理论上都是捂不住的。“捂”、“压”、“盖”只会让社会公众觉得政府心里有鬼，让真相变得扑朔迷离，给谣言创造滋生的土壤。从这一意义上说，云南相关部门这次的做法，顺应了时代的发展潮流。“躲猫猫”事件发生后，他们反应迅速，在第一时间对社会公众做出有效回应，并在引入公众社会监督方面采取了实质性举措。这样，就防止了社会热点事件的进一步发酵、升级，加强了调查结果的权威性，压缩了谣言滋生的空间，并有效地提高了政府的公信力。这不能不说是我们政府管理部门在社会管理上的一个巨大进步。

是谁打开了潘多拉魔盒的盖子？
——艾滋女事件的反思

在北京一家餐馆打工的河北女子闫德利，恐怕无论如何也想不到一夜之间，她会成为千万网民唾弃咒骂的恶毒女人，成为存心报复社会的“艾滋女”；而她更不会想到，一夜之间，她从深谷跃上山巅，重获清白之身，成为整个事件最冤的受害者。这一荒诞事件竟戏剧性地发生在一个人身上。

事情的原委是，2009 年 12 月，一名自称“闫德利”的写手在博客上发文，自述 15 岁时被继父强奸，后到北京上班，经人介绍去歌厅“坐台”。12 月 13 日，“闫德利”在博客上公布一份共有 279 个电话号码的“性接触者通讯录”，并称自己于 2009 年 9 月初检查出感染艾滋病。该写手称，她对人生没什么希望，只是希望自己“烂得出名”。网文称，被曝光的电话号码大都分布在北京、保定、石家庄，还有广东等南方省份的“接触者”。随之一起公布的还有 400 余张照片，其中不乏“艳照”。

这些博文和图片最早仅在论坛上转载，然而此事经媒体报道后，“闫德利”遂成为搜索热词，各大论坛几乎都能找到相关信息，数千网友跟帖痛骂这名叫“闫德利”的女子，并为艾滋女向如此多人传播艾滋病感到恐慌。有网友表示，希望能早点把传染的人找到，防止病情扩散。只有极少数网友对“闫德利”的经历表示同情。

此事迅即引起了相关部门的重视。2009 年 12 月 18 日 19 时 30 分，真实生活中的闫德利接受了艾滋病的检查，保定市容城县疾控中心发布初查结果认为，闫德利并无艾滋病。19 日，闫德利到更高级别的疾控部门再做艾滋病检测，结果仍然是没有艾滋病。

时间转到2010 年4 月9 日，此事真相方才彻底澄清：原来博文并不是闫德利所写，而是其前男友杨勇猛泄愤所为，沸沸扬扬的艾滋女事件至此水落石出。

一个平平常常的女孩，一下子成为社会和媒体的焦点，且被冠以“艾滋”、“滥交”等耸人字眼，声誉全毁，她成了潘多拉盒子魔鬼戏谑的牺牲品。那么，谁是打开潘多拉魔盒的罪人呢？

纵观整个事件，其前男友杨某无疑是罪魁祸首。在闫德利提出分手后，杨某执意纠缠，恶意骚扰，多次向闫德利的亲朋发送闫德利的裸照，印发传单败坏其名誉，未果后又以闫的名义网上开博，对其进行恶意诋毁，最终制造了这起影响恶劣的网络暴力事件。

其次，部分媒体应负次要责任。它们为抓住读者的眼球，竟在事实真相未经核实和查证的情况下，根据博文内容，大肆报道所谓的艾滋女新闻。如果这些媒体理智一些，能本着新闻真实性的原则，对信息加以核实，然后再进行报道，事情的影响可能会降至最小。但结果却是部分媒体，捕风捉影，大量转述博文内容，似乎事情的经过全是闫德利亲口表述，将事件的影响放大到无法收拾的地步，从而客观上成了事件恶性发展的帮凶。

再次，对博文进行转载传播的网络公司也负有责任。很明显，此事发生时有很多疑点，譬如电话号码透露不实等。但媒体的第一步并不是去调查事情的真相，给人们了解事实的机会，而是为了赚取人们的眼球抢先转载，然后才会想到后续的调查，这种先造势后取证的报道手法无疑是一种极不负责的行为。而网络传播公司也在不辨真伪的情况下任由信息向社会发布，致使堵截假信息的最后一道关口形同虚设。

互联网现已由一种信息技术手段演变为社会生活中扮演重要角色的新媒体。网络媒体，没有传统媒体的“把关人”，许多信息有赖传播者自己把关。而网络使用者身份异质、素养参差，导致信息杂冗、质量不一，难保真实、客观、符合社会公序良俗等要求，这就为居心不良者的不法行为提供了可趁之机。

此外，互联网的虚拟性是该事件的最大推动因素。若没有这一性质，杨某便无法以闫的身份开博发文，后面的事情也就无从谈起。看来，加强网络舆论监督管理，加强新闻媒介的新闻职业道德，是遏制网络暴力事件出笼的最有效的闸门，也是有关单位和部门应从该事件汲取的最大的教训。

诗歌该向何人吟？
——从“羊羔体”谈起

2010 年注定是一个官员备受关注的年份，继李刚之后，另一位官员也备受网民的热议，当然与李刚不同的是，他没有受到网民一边倒的批评，尽管质疑他的声音居多。

这位官员便是武汉市纪委书记车延高，被人关注只因他是“第五届鲁迅文学奖”诗歌奖得主。2010 年 10 月 19 日晚上 7 点，“第五届鲁迅文学奖”获奖名单公布，当晚 11 点 6 分，陈维建在新浪发表微博《“梨花体”后“羊羔体”?》，所谓“羊羔”是“延高”的谐音，并贴出车书记的一首诗《徐帆》：“徐帆的漂亮是纯女人的漂亮/我一直想见她，至今未了心愿/其实小时候我和她住得特近/一墙之隔/她家住在西商跑马场那边，我家/住在西商跑马场这边/后来她红了，夫唱妇随/拍了很多叫好又叫座的片子”。接着他又发微博贴出车书记的另一首大作《刘亦菲》：“我和刘亦菲见面很早，那时她还小/读小学二年级/一次她和我女儿一同登台/我手里的摄像机就拍到一个印度小姑娘/天生丽质，合掌，用荷花姿势摇摇摆摆出来/风跟着她，提走了满场掌声/当时我对校长说：鄱阳街小学会骄傲的/这孩子大了/一准是国际影星/瞢准了，她十六岁就大红”。博文一出便迅速被转发，原文评论达到 2600 多条，大家对这样的诗歌十分讶异，对于写出此类诗歌的诗人还能获得鲁迅文学奖更是愕然，于是“羊羔体”名震网络，大家纷纷效仿。现摘录三首：

（一）

糊涂一点也好，
干嘛如此认真计较。
不过，
要说这是湿，
打死我都不认可，
不过话又说回来，
我不认可有何用？
我只是一介草民，
本贴过客。

（二）

鲁迅
从墓里爬出来
看了看
一篇好湿
然后
转过头
一头撞死在
自己的
墓碑上

（三）

这要是诗

那我每天都在吟诗
而且出口成章
原来
活了三十年
我自己还不知道自己
是诗人
我太杯具了

网友一直对写出这种诗的诗人居然能获得鲁迅文学奖表示讶异，诗歌现在居然已经发展到这种地步，如网友“旧旬”说：“诗果然不是一般人会懂的，”网友“KEVIN—N”说：“忍不住要赞美写这首诗的人，这首诗真是乱七八糟!”

随着对车延高诗作的热评，鲁迅文学奖的评判标准也受到质疑，网友“涓涓溪”说道：“一首诗刻化一个人格，鲁迅文学奖可以休矣了。”

事已至此，承办鲁迅文学奖的中国作协被推到风口浪尖，作协就不能不对此有所回应。不久，中国作协书记处书记陈崎嵘表示，车延高获奖的是一个诗集，里面大部分作品都有很高水准，即使有几篇内容一般也很正常，不能要求篇篇佳作。他认为车延高的诗歌质量是非常不错的。

当然最感委屈的当属车延高本人，他说他诚恳接受网友的各种意见，但希望批评能瞄得准一些，能击中要害，因为一首诗、一部作品很难看出作者的风格，希望网友多看一些，再做评价。尤其强调他获奖的是诗集《向往温暖》，网上热议的两首诗并没有收在其中。

这个意见迅速被网友接受了，有些网友特意选取了车延高本人比较满意的诗作来进行评析，如《一树光宗耀祖的花香》:

我常常想，月亮去世以后
还会有谁翻我家的院墙
还会有谁穿过玻璃进来，踮着脚
很轻很轻，把唐诗宋词搁在前朝的枕边
然后推门，坐在吱呀一响的叹息上，等一个去唐朝探亲的人带着李白和酒
从长安古道的马蹄里回来
只剩下想象了，坐在跨越千年的门槛上
我已经把《诗经》抄了一个世纪
王羲之研的墨，是灯光以外的每一个夜
我把星星从天边摘下
镶嵌在屋后的每一座山顶
月就在崖边，是一轮惊心动魄的美
我把玉树临风的眼睛铺满回家的路
让花间一壶酒走上没有掌声的星光大道
诗和词在院子里酿出三月，诗人卧处
来世的泥，有一树光宗耀祖的花香

有人说这首诗充满意境之美，这才是他诗作水平的真实写照。有人则认为这首诗做作、故弄玄虚，刻意的通感修辞，似是而非的意境营造，让人莫名所以。网友“唯一指定白酒”对这首诗作详细分析道:“这段写作技巧很差，想营造意境但是模仿得很笨拙，喜欢并且陶醉于词语的堆砌，貌似堆砌出来很好看，很像诗一样，不过其实没什么内容，苍白空洞。”

如果网友的焦点仅仅局限性于诗作水平优劣的评判上，那也只是一场文学论争而已，很快，车延高的身份迅速引起了网友的兴趣，大家对这样的诗作获奖似乎恍然大悟，一切皆源于他的“武汉市纪委书

记”头衔！这样，热议的矛头再次指向“鲁迅文学奖”。阎延文撰文称“‘羊羔体’是鲁迅文学奖的死亡证书”，《羊城晚报》评论文章《羊羔体蹿红，社会意义远大于文学意义》：“纪委书记意味着权力。中国传统文化的血液里，流淌着权力膜拜的因子，在老百姓眼里，权力向来是神秘的，权力背后的那张脸，更是无从揣摩的。车延高的可爱之处在于，他以大白话的诗作，歪打正着，在某种程度上起到了对权力去神秘化的效果。”《南方都市报》评论《鲁奖风波：“羊羔体”时代的信任危机》更是直接对鲁迅文学奖开炮，文中列举了“贿选”“跑奖”等丑闻。出版人、诗人沈浩波率先在微博上炮轰鲁奖：“不少鲁奖得主是用钱买的，还有一些，是谋来的。跑奖，是作协体制内作家的人生大事。鲁奖是可以花钱买到的，这是公开的秘密。”诗人符马活说：“体制内作家得奖很重要，各种奖项，意味着身份、地位、从国家到省市的逐级奖金，鲁迅文学奖一得，每级政府奖 10 万。为了得奖，我们的多少朋友愁白了头，为了搞定评委，心思用透，手腕用尽。体制内的文坛，权钱交易小官场。”

而这些评论最终又都指向同一个对象——中国作协。阎延文说：“‘羊羔体’获得鲁迅文学奖很正常，只是再次暴露出作协的体制弊端和文坛的风气堕落，无须大惊小怪。奇怪的倒是：这样一个每每爆出丑闻的文学评奖，为何屡叫不停？更值得质疑的是，改革开放 30 年来，中国各行各业都经历了深刻变革，为什么计划经济下的官僚化作协体制，却迟迟得不到改革?”

平心而论，如果车书记写诗纯属个人爱好，只限于自娱自乐，只限于同道之人的赠予唱和，而不去掺和文学奖，那么网民对于车书纪的“羊羔体”说不定是另一种态度，固然有不同看法者，但一定不会像今天这样成为口诛笔伐的靶子。大家对“羊羔体”获奖的激烈反应，其实是来自对文学的最质朴的热爱。正如评论家徐江发表于《南方周末》的文章《鲁迅文学奖：谁的?》中写道：“人们对‘羊羔体’

的质疑，分明潜藏了对前70年传统新诗美学的不满足，甚至那些围绕在‘羊羔体’质疑话题外围的对‘官员获奖’的敏感，都有着‘维护文学评奖单纯性’的善良初衷。”

是的，这是因为在我们每个人心中有一方净土，它是最纯最真的，是不被世俗功名利禄所惑乱，更不容其被亵渎玷污的。这方净土就是文学，正是对文学纯真的固守和坚守，人的灵魂才会得以救赎，社会才不会沦丧至不堪的境地，才有了对非文学因素浸染文学园地的同声责难。

事实的减震器

——轻度追尾

什么叫"轻度追尾"？要解释这个有些暧昧的词，还得从一起上海地铁事故说起。

2011年9月27日下午2点钟，上海地铁十号线内，两辆正运行的列车在豫园至老西门下行区间相撞，造成至少271人受伤。事情发生了，伤者还不少，媒体当然要报道，而且还是央视的新闻报道，央视报道说："上海地铁十号线列车发生轻度追尾。"什么叫"轻度追尾"？不明就里的人定是一脸的茫然，央视品牌顾问李光斗将此报道题目上传到微博上，同时评论道："一个新名词的诞生：轻度追尾。"结果，包括一些公众人物在内，众多网民集体爆发，竞相以"轻度"遣词造句，一时间，关于"轻度"的表述弥漫在微博的各个角落，一种新的语体"轻度体"也由此诞生，并流行网络。

央视等媒体，用"轻度追尾"这个名词来界定和描述上海地铁的追尾事故，它们的用意很明显，意在强调追尾事故的"轻度"，希望为中国的敏感而脆弱的铁路运输业，在经历震动后来个减震（7·23甬温线特别重大铁路交通事故已经让中国的铁路运输业如履薄冰）。但是，"轻度"这个词是怎么个说法？撞了吗？撞了，能轻吗？谁不知道啊，是地铁追尾，不是人踩人脚后跟啊，轻能轻到什么份上？这个轻度是怎么衡量的？要回答这些问题，如果不在现场，只能凭推理了。

271 人受伤，能叫轻度？中国人是多，13 亿不缺这块，但是所谓以人为本，不是说说而已，而是要尊重每个个体的生命。媒体不是不懂啊，造出这么一个词——轻度，报道了事件的发生，又含糊如此，公众看来，就是雾里看花，水中望月，看不透。闹心的是，媒体想说清楚，又不敢说清楚，公众想弄明白，又弄不明白，媒体难受，公众看着也难受。

一朝被蛇咬，十年怕井绳。列车追尾接了个吻，造成了 271 人受伤入院，成千上万出行的人从此担惊受怕，乘客们的亲友从此也会为之担惊受怕，大众很生气，后果很严重。媒体本指望用“轻度追尾”来缓和紧张气氛，刻意强调事故程度之轻，不想造成巨大影响，欲盖弥彰。根源就在，“轻度”是名，“追尾”是实，名实不符，央视等媒体对名与实关系的故意错解或曲解也就不言自明。

无独有偶，媒体和政府新闻发言人的口里，除了“轻度追尾”外，还有“躲猫猫”、“俯卧撑”、“保护性约束”、“自主性坠亡”、“临时性强奸”等一些玩弄文字手段，企图以“名”掩盖事实的事例，其实最后被玩的都是它们自己。

一句话，我们需要的不是事件的减震器，而是事件的记录仪和传声筒。事情发生了，作为媒体，报道就要名副其实，讲究真实，我们经常讲，要重拾公众对政府和国家行为的信心，从某种程度上讲，真实的媒体报道就是这种信心的起搏器！

可叹的不是天价
——汉代玉凳造假案

2.2 亿元可以做什么？可以拍一部《泰坦尼克号》或《蜘蛛侠》之类的大制作电影；可以买七辆劳斯莱斯幻影豪车，一周内替换不重样；可以买 100 块顶级劳力士表从手腕戴到胳肢窝。但是你会用 2.2 亿元买一套化妆台和板凳么？2011 年初，在北京中嘉国际拍卖有限公司举办的“古玉雅集古代玉器专场拍卖会”上，一件汉代青黄玉龙凤纹化妆台及坐凳以 2.2 亿元成交，创下了新的玉器拍卖世界纪录。

如此高昂的价格本该令人咋舌了吧？但是这条新闻被众网友围观吐槽的根本原因却更令人咋舌。那就是这套被拍卖公司描述为“让今人看后叹为观止，具有极高的收藏和历史价值”的文物珍品居然是赝品！很多网民嘲笑，称“作假不专业”，因为按照基本的历史常识，汉代古人都是“席地而坐”的，当时还没发明凳子！网友们戏谑道：“连造假都造得相当不专业，没文化，真可怕。”更有网友幽默地说“难道这是哪位美女穿越后留下的？只是连这么重的梳妆台和凳子都带着穿，也太沉了点。”

各界专家也纷纷“发声”，认为这套汉代坐凳属于高坐器具，为赝品，可能是仿清代的家具，服装设计师也以古时裤子只有裤筒的观点，断定玉凳作假。

2012年初，江苏邳州“拉呱论坛”一张帖子爆料称：“汉代玉凳”产自江苏邳州，是2010年起历时3个月在李口古玩玉器城由邳州艺人加工制造的！记者进而查访得知：汉代玉凳是江苏邳州运河镇向阳村老虎玉器店老板赵军根据明代老件由其工人仿造组装的，用了1年多时间，成本约50万元。2010年作为高仿真工艺品以260万元的价格卖给河北石家庄的张姓买主。“中嘉拍卖”于2010年10月征集到后，请故宫博物院研究馆员周南泉老先生对实物目鉴，并出具了鉴定证，认定为“汉代玉凳”，于是这个高仿真工艺品穿越到了汉代，摇身一变成了价值连城的“汉代玉凳”。

又一个天价神话被戳穿，留下一个天大的笑话。人们不禁要问，明目张胆的假货为何能够堂而皇之的拍卖，甚至正大光明的拍出了天价？谁来为文物把关？

业内人士认为，一件赝品卖出古董价，绝非庄家单方面能够操作成功的。首先要与拍卖行配合，给出一个非常高的估价，还有一些职业“跑老件”的人、拍卖专家、拍卖公司联手，才能形成一条稳定的利益链条。

近年来文物造假层出不穷，匪夷所思的闹剧不断上演，从炮制金缕玉衣开始，徐悲鸿的画、宋徽宗的字，无一不是自新闻始，以笑话终。中国艺术品市场的乱象和顽疾令人触目惊心，文物的流通形成一个错综复杂的利益链条，各色人等从中谋取暴利。文物鉴定专家本应是最权威的把关者，但有些鉴定专家也裹挟在利益链条中，鉴定的真实性也就难分真假。

面对质疑，拍卖公司副总称“拍卖公司只是中介机构，不保证拍卖品百分之百是真的”，“其实古玩收藏，打眼也是一种乐趣”。看走眼居然“也是一种乐趣”，国内收藏市场和拍卖行业的混乱可见一斑。

近年来，中国艺术品市场欣欣向荣，呈“井喷”状态，但与之密切相关的拍卖行业的征信体系建设却不容乐观。拍卖领域乱象丛生，恶意欺诈、虚假宣传、知假拍假、跟风抬价、炒作概念等大有愈演愈烈之势，把拍卖市场搅得风生水起，但是种种惊人黑幕也层出不穷，这并没有带来中国艺术品市场的春天，受愚弄的反而是自己。

文字的妙用
——保护性拆除

汉字的魔力有多大？这恐怕是老祖宗当初比照日月山川、风雷闪电发明这些玩意儿时所想象不到的。远的不谈，单拿今天的汉字用语来说，就被某些人玩得如变戏法似的，令人眼花缭乱：比如从前叫“资本家”，现在叫“企业家”；从前叫“减产”，现在叫“负增长”；以前叫“穷人”，现在叫“待富人群”；从前叫“涨价”，现在叫“回升”；从前叫“拆迁”，现在叫“搬迁”，等等等，不一而足，够有创意的吧。其实一番改头换面之后，事物的本质改变了没有？没有变，只不过制造了语言陷阱，掩盖了事物的严重性或者对抗性而已，用俗话来说，也就是虚晃一枪，玩文字游戏而已。

那么仅仅只是游戏文字那么简单吗？

先看一桩事实。2012 年 2 月 13 日，微博用户“异蛙是个跳蚤”发布微博称“蒋介石行营拆了”，同时还发布了施工现场照片。

此微博一出，立刻引发了网民的广泛关注，两日之内，转发者达 16.7 万。

为什么会招徕这么多的网民的关注？这还得从“蒋介石行营”讲起。

那“行营”又称“国民政府军事委员会重庆行营”，建成于 1935

年底，是一处三幢两楼一底的砖木结构建筑群，属于民国时期典型的中西合璧建筑。1937 年 11 月 12 日，国民政府鉴于中日战争不断扩大之势，决议迁都重庆，国民政府军事委员会即在此办公，蒋介石的官邸也设在此处，也就是说，此地是中国人民八年抗战的指挥中心！

毫无疑问，这是一处重要的抗战遗址，而 2009 年重庆市也确实将此地列为市级文物保护单位。

这就有些奇怪了，既然如此，那又为何把它拆了呢？据重庆市渝中区文广新局副局长吴辉介绍，目前施工单位的所为是在进行保护性拆除，“保护性拆除”是原貌、原地复建行营的一个过程。该区文物管理所所长徐晓渝也说，现在正在进行的施工是文物保护项目的一部分，他们将对旧址进行保护性拆除，然后进行文物复建。

哦，原来如此！按照这两级政府管理部门给出的说法就是一则进行保护性拆除，二则进行原址复建。

说法虽然堂皇，可道理却让人整不明白：既然保护它，那为何又要拆除它？既然拆除它，那又何来保护它？这不是愚弄大众的语言理解能力和知识水平吗?！难怪会引来网友的“赞誉性咒骂”和“拥护性抗议”了。

还有，文物就是文物，它的保护原则是“不改变原状”，即便维修也应“修旧如旧”。按照现在选拔干部的专业化条件，这两位主管领导应该是内行，对文物保护的原则也应该烂熟于胸，何以说出这等连我们这些外行也看出有问题的话呢？试想一想，“行宫”都拆了，即便你把“构建（件）、门窗、楼梯、扶手等实物……能使用的都将统一打包，在复建时尽最大努力恢复上去”（吴辉语），那还是原来的文物吗？那还有原来的气场和气质吗？正如张三死了，他的某些器官移植到了李四的身上，你说这人是叫张三，还是叫李四？

深究起来，这不过是用文字游戏来为自己失职、失责，甚至是专断无知造成的严重后果作掩饰罢了，他们以为用这些装饰性的文字就可以掩耳盗铃，埋没真相，欺蒙大众，所以近些年来，什么“礼节性受贿”、“临时性强奸”、“合约式宰客”、“试探性自杀”、“幻想型自由”、“戴套式强奸”、“休假式治疗”等新名词层出不穷，也就不足为怪。

其实除了自欺，我们还能看到什么？

此外，这拆建的背后是否还有经济利益的驱动？笔者手头无据，不敢妄加揣测。只是此事发生前数日，北京梁思成、林徽因故居被拆，开发商——华润置业有限公司——对外宣称是“维修性拆除”，实质是搞房地产经营，无疑给了我们推断的理由，而微博报道的“行营”被拆的照片上，周围呼啦啦的大片拆出空地的情景，又给了我们推断的空间，如是这样，那就不是一句“保护性拆除”所能遮掩得了的了。

不管怎样，在责任和担当面前，拆除那些装饰性的词语以及背后的权力意志和经济利益，恐怕更是管理部门所应持的态度。

苍白病体上的红肿
——乌青的“废话诗”

这些年来，在文学日渐式微的大环境下，诗坛却接连闹出水响，先有沈浩波的“下半身”呻吟，后有徐乡愁的“垃圾派”写作，继之有赵丽华的“梨花体”表现，跟着有车延高的“羊羔体”获奖，现在却有乌青的“废话诗”唠叨，大有一针猛过一针，不断刺激人们麻木渐忘的神经，以挽诗坛于沉沦衰颓的功用。

乌青何许人？本名郑功宇，据他自己介绍说，他出生于1978年10月1日，浙江玉环人，是先锋派诗人、小说家和影像作者，大学二年级退学，现从事写作和自由职业。他写了怎样的诗？2012年3月25日，科普作家杨轶发表一则微博，贴出了乌青的五首旧作：

其一，《假如你真的要给我钱》：我的银行账号如下：招商银行/6225××××74/郑功宇/建设银行/4367××××13/郑功宇/工商银行/6222××××30/郑功宇/……

其二，《对白云的赞美》：天上的白云真白啊/真的，很白很白/非常白/非常非常十分白/极其白/贼白/简直白死了/啊——

其三，《一种梨》：我吃了一种梨/然后在超市里看到这种梨/我看见它就想说/这种梨很好吃/过了几天/超市里的这种梨打折了/我又看见它，我想说/这种梨很便宜其四，《怎么办》：我打电话，给张建华/接电话的是/他母亲/我问：张建华在吗？/他母亲说："在、在大便。"/我说，在大便啊/他母亲说是的/我对张建华的母亲说/那怎么办呢？

其五，《上网9年》：1998年，上网不知道干嘛/1999年，跑聊天室/2000年，做主页/2001年，做网站/2002年，搞多媒体/2003年，瞎玩/2004年，沟通/2005年，下电影/2006年，上网不知道干嘛

此帖一出，网友立即疯狂转载，一周之内，转载量即超过万次之多，网友评论这些诗"举世皆惊"、"太神了"、"重口味"、"暴强"。杨铁吐槽道："乌青，如果你的作品也叫诗，那么我们身边所有形式的语言和文字都是诗，我们梦中的呓语、吃饭的咀嚼都是诗，狗的吠声、牛的鼾声都是诗。如果拼凑几句废话就能成为诗人，那么古今中外的诗人只好说自己是蠢材了。读你的诗，还不如打开电视看广告。"

此论得到了多数网友的赞同，随后，乌青的诗就被冠上了"废话体"专名，网友们还模仿这种直白浅露单调啰唆的语言形式，以嘲讽、恶搞和娱乐的心态，创作了大量的"废话体"诗歌。复制，便成了网民娱乐"废话体"的消费发票。

面对网民的大量拍砖，诗界同行则表现出惺惺相惜般的肯定和鼓励。诗人周亚平和渔舟纷纷发表评论说，"能把废话写出感情"，"没什么不好"，"这就是诗"。"梨花体"的开创者赵丽华更在帖子中大赞乌青的诗歌道："当时我看到乌青这首诗（指《对白云的赞美》），立即惊为天才之作，极其喜欢，赶紧地放进我编辑的杂志及各个诗歌选本里面去。可以说，这样的诗歌是对以往过度修辞、故作高深、拗口诘牙的诗歌方式的一种反拨，是对宏大叙事和假大空的主流话语体系的一种颠覆，是对一切所谓所指、能指、诗意、寓意以及强加给白云的陈词滥调的比喻的彻底剔除。"

看来大多数网民的意见和专家们的看法完全扛上了。

其实，在当下这个狂飙突进的工业化时代，社会生活和物质世界

的极速巨变，已使大多数诗人意乱心迷，无所适从，诗人的灵魂已找不到安放的所在，诗歌的窘境便成了不争的事实。寻求诗的突破，唤起人们对诗性的理解和热爱，也就成了尚在诗海里苦苦撑持的诗人们的梦想和追求。相信没有多少人会反对诗歌的创新，甚至没有多少人会反对诗歌的颠覆，不管其题材的雅俗与大小，只要这种创新和颠覆合乎常理，合乎大众对诗的审美判断，那么这种创新和颠覆就有了文化承载意义。从这个角度来说，如果乌青的诗确如赵丽华等专家所说的那样，其开山意义则是不容抹杀的了。

但实际情况是，乌青的“诗”除了对生活琐屑的唠叨之外，再也嚼不出更多的余味和诗意，其词汇的贫乏，内容的浅薄与想象的虚无，几与一位小学生的喃喃自语并无二致，这就足以使人相信，其作诗的本意不在借酒抒怀，而在“山水之间”了。

毋庸讳言，人人都有邀人注目之心，尤其在这个嘈杂浮乱众声喧嚣的时代，而要博人眼球，又没有“拼爹”的资本，且又没有学识传承的功底，便只有玩点出位或另类的花样，以奇以怪制胜。反正到时候不管是扬美名，还是留骂名，只要出名了就行。正如东晋大将桓温所说的那样：“管它是流芳百世，还是遗臭万年呢！”这不能不说是“废话诗”出台的原始动因。

平心来说，倘使乌青的“诗”只是为着个人自赏，倒也无伤大雅，但他自号“先锋”，且把他的“诗作”归结为“严肃的诗歌流派”，晒在网上，还得到专家称赞，这些极致的“废话”便成了公共娱乐品，遭到大众的热议也就在所难免。

而就乌青本人来说，多年的籍籍无名岂是他之所愿？他渴望一朝成名，“废话诗”的出现让他实现了梦想，所以在网络走红之后，面对如潮的网评，他很有些自得地说：“最近两天受到赞扬和非赞扬比我过去三十多年加起来的还要多七千多倍。”好在他还是一个清醒的人，其后他在《我火了》自嘲道：“我给我妈打电话告诉她/最近我在网上火了/是啊？我妈不会上网，真的吗？/真的，我亲爱的妈妈/这次我绝对没有骗你/我妈听了很高兴，然后呢？/然后我就不火了。我说。”

可见，他自己也很清楚，他的“诗”只不过是在苍白的诗坛病体上，画下了一道印痕而已，虽然一时红肿好看，博人围观，但终究要炎消肿退，化为乌有。

毕竟，诗歌味同橄榄，是要耐人咀嚼的。

舆情民意

《双城记》起首道：这是一个最美好的时代，这也是一个最糟糕的时代；这是一个智慧的年代，这也是一个愚昧的年代。套用这句话来形容当下我们所处的社会，看来也颇为妥帖：这是一个高速发展的时代，这也是一个问题丛生的时代；这是一个话语专擅的年代，这也是一个众声喧哗的年代。

不是吗，谁能不承认这些年来我们的发展，谁又能回避这些年来我们的问题？单就后者而言，网上披露的事件哪一桩不让人惊心咧嘴？吃的方面我们已没有了舌尖上的安全；喝的方面无论是添了三聚氰胺的奶粉，还是加了塑化剂的白酒，都让饮者无安；住的方面我们看到了形如豆腐的“楼歪歪”，也听到了“强拆有理”的蛮横主张；用的方面，我们经历了假冒洋货如达芬奇品牌之类的忽悠；行的方面，我们遭遇了温州动车之殇，还有可能遭遇药家鑫一般的恶徒；医的方面，我们有可能被张悟本这样的江湖骗子欺蒙，更有可能被正规医院堂而皇之地暴宰……

好在网络给了众人说话的权利，舆情民意有了及时、互动的表达渠道，而为政者也能顺应潮流，俯查舆情，通过网络了解民意，汇集民智，这一桩桩乱事得以在风高浪急之后归于平复。人们常说，社会发展的道路是曲折的，也许我们当下正在经受的林林总总，就是这种曲折的魔影。

没有安全的舌尖
——苏丹红事件

在当今中国，食品安全可谓是一件令人抓狂的事情，让全民陷入一种无可奈何的境地，寝食难安。食品安全成为社会公共问题，演化成为社会公共危机，究竟始于何时，起于何因，尚无从考证。但有关食品安全的全国性大讨论，似乎应从2005年“苏丹红事件”开始。

中国人喜爱红色。在民族文化中，红色有驱逐邪恶的功能，五行中的火是红色，八卦中的离卦也象征红色，古代许多宫殿和庙宇的墙壁都是红色的。可以说，红色代表着吉祥、喜气、热烈、奔放、激情和斗志。

然而，苏丹红这种以红命名的东西，却丝毫没有吉祥、喜气、热烈的意思，也不能辟邪，反倒是邪恶的象征。苏丹红一号是一种工业染料，成本低，染色效果好。经它处理过的食物色泽鲜亮、光彩诱人。因此，苏丹红一号成了不少黑心食品制造商牟取暴利的工具。苏丹红常用于溶解剂、机油、蜡和鞋油等产品的染色，全球多数国家都禁止其用于食品生产。科学家通过实验发现，苏丹红一号会导致鼠类患癌，它在人类肝细胞研究中也显现出可能致癌的特性。

政府间的互动与觉醒

苏丹红一号在1918年以前曾经被美国批准用作食品添加剂，随后美国取消了这个许可，但是在一些品牌的伍斯特沙司、咖喱粉、辣椒粉和辣椒酱中依然使用它来增色。

2003年5月，法国报告发现进口的辣椒粉中含有苏丹红一号成分，随后欧盟向成员国发出警告，要求各成员国自2003年6月17日起禁止进口含有苏丹红一号的辣椒产品。

2004年6月，英国食品标准管理局在检查一批新食品中发现含有潜在致癌物的苏丹红一号色素后，向消费者和贸易机构发出了禁用产品目录中的“苏丹红一号”的警示。

2005年2月18日，英国食品标准署就食用含有添加苏丹红色素的食品向消费者发出警告，并在其网站上公布了亨氏、联合利华等30家企业生产的可能含有苏丹红（一号）的产品清单。

2005年2月23日，中国国家质量监督检验检疫总局发布了《关于加强对含有苏丹红（一号）食品检验监管的紧急通知》，要求清查在国内销售的食品（特别是进口食品），防止含有苏丹红一号的食品被销售及食用。

苏丹红在中国现身

2005年3月中旬，肯德基的“新奥尔良烤鸡翅”、“香辣鸡腿堡”、“劲爆鸡米花”等五种食品被查明含有苏丹红。一时舆论大哗，肯德基被推上风口浪尖，陷入一场空前的信任危机。

经查证，所有肯德基调料中的苏丹红一号均可追溯至广东田洋公司。该公司以工业原料违法假冒成食品增色剂，销售给河南驻马店豫香调味品有限公司用于辣椒粉加工；再经过安徽义门苔干有限公司包装，卖给宏芳香料（昆山）有限公司，最后售给肯德基的供应商基快富公司，从而混合进肯德基的调料。由此可见，从田洋公司到肯德基，中间经过了四家企业之手。

3月29日，国家质检总局和国家标准委联合发布《食品中苏丹红染料的检测方法——高效液相色谱法》国家标准。

4月5日国家质检总局宣布，在对全国18个省、市、区可能含有苏丹红的食品展开专项检查后发现，30家生产企业的88种食品及添加剂含有苏丹红。

这些含有苏丹红的食品生产企业主要集中在广东、上海、江苏等一些辣味制品和番茄制品的主要产销区，少数添加剂生产企业以苏丹红冒充食用添加剂辣椒红色素，销售给辣味制品生产企业。

运动式查禁

这样，一项声势浩大的围剿苏丹红的专项整治活动随即在全国质检系统展开。召开会议，印发文件，全员行动，一些流向全国各地的“涉红”原料被紧急追缴，含苏丹红食品的低成本快速检验难题仅用一周便被攻克……

3月31日的《人民日报》刊发了一篇题为《查禁“苏丹红”切莫一阵风》的文章，作者石国本祈求道：“但愿有关部门能真的警醒，但愿‘苏丹红’事件能得到根本遏止，而不是一阵风、一股热。”

事实证明，石先生的这番良苦用心，在黑透了心肠的逐利商人和注重政绩的管理者的逻辑面前，显得那么苍白无力。此后爆发的“毒奶粉”、“毒豆芽”、“染色馒头”、“瘦肉精”、“地沟油”等事件证明：苏丹红只是食品安全问题中现身较早的一个魔鬼。

苏丹红这个“毒蜘蛛”吐出的黑丝，无疑让人们看到了中国食品安全的黑洞：无良企业黑心赚钱，加之政府部门监管无力，共同造成了不安全食品的出笼。

消费者徒唤奈何，无辜的人们不禁要问：以几代中国人的健康和生命为赌注的饮食、食品产业，何时才不是十几亿中国人心中的梦魇？

2012年11月底，山西粟海集团被爆出“速成鸡”事件，再次挑动消费者的神经。媒体曝光了山西粟海集团养殖的一只鸡从孵出到端上餐桌，只需要45天。这些鸡是用饲料和药物喂养的，而粟海集团正是肯德基与麦当劳的大供货商。12月底，媒体披露肯德基早在2010年和2011年的自检中，就得知鸡肉原料的抗生素含量超标，其送检的原料正来自此次爆出采购滥用抗生素"速成鸡"的山东六和集团。但检出抗生素超标后，肯德基并未立刻终止与六和的供应关系，而是在2012年8月才将其清除出供应商名单。

对速生鸡的查处似乎又一次陷入权力、资本博弈的怪圈，政府监管部门调查进度的缓慢，令公众产生了更多的疑虑，也更加焦急。

网民把有毒有害食品与民族生命力的延续联系起来，用"断子绝孙"来描述其严重后果，丝毫不觉夸大。问题若不能根本解决，将是我们民族的悲哀！

大学的沦陷

——富力楼和真维斯楼的冠名之争

2011 年 5 月，两条有关大学教学楼冠名的新闻，将从来就不缺少社会关注的大学，再次推到舆论的风口浪尖上。

新闻之一是，2011 年 5 月 19 日，暨南大学的标志性建筑——教学大楼冠上了著名地产商富力公司的名字，挂在楼前的“教学大楼”四个金色大字已被“富力教学大楼”取代。此事一经微博爆料，即在暨大内外引来众多网友的热议，暨大新闻中心就此作出书面通报称：暨大百年校庆前夕（2006 年 11 月）“富力地产向济南大学捐赠人民币 1400 万，这是我校百年校庆获得的最大额度捐赠。为铭记富力义举，激励后学，谨将教学楼冠名为富力教学楼。”但此说法并未平复网民的吐槽，质疑此举“商业气息太浓”的声音至今一直不绝于耳。

另一条新闻是，2011 年 5 月 23 日，清华大学第四教学楼的墙壁上，挂上了“真维斯楼”四个铜字和附属铭牌。校方给出的答复称“为校园建筑物命名是国内外学校筹集资金的适行做法，清华大学也设有这样的捐赠项目。百年校庆期间，真维斯服饰（中国）有限公司提出希望捐赠学校的教育事业。经双方友好协商，决定将清华大学第四教学楼命名为‘真维斯楼’，同时按照惯例保留原有的‘第四教学楼’的称谓，所捐款项用于教学楼的维修和设备的更新。”由于清华大学在中国高校所处的地位和影响，此举一时成为公众关注的焦点：大学以这样的一种方式表达它和一个商业企业之间的合作关系，且摆在传道授业解惑的教学场所，这无疑会让公众对大学的精神期望大打折扣，难怪一些网民直斥此事为“卖身”和“大学精神的堕落”，更难怪一些清华大学的学生采取了过激行为——5月25日晚上，几个学生买回油漆，泼了真维斯楼的附属铭牌，且在旁边写了“我爱清华”的字样，迫使校方最终只得将此铭牌摘下了事。

两幅小小的铭牌，何以在公众心中激起如此大的反响？

是学校不该接受捐赠吗？

显然不是。其实接受校友和外界的捐助是大学筹集办学资金的重要渠道，也是世界各国大学的通行惯例，只要这企业经营合法，所捐款项来路正当，大学是乐于接受社会捐助的。

是捐助单位和个人不该在大学建筑物上冠名吗？也不是。我们认为：捐助企业、团体或个人提出冠名要求，完全可以理解，也是可以接受的，许多学校耸立着的“逸夫楼”，即是证明，许多特定行业冠名高校的特定专业，更是此举的明证。

那公众，尤其是暨大和清华的师生，争议富力和真维斯的冠名之事的真正原因到底何在呢？

分析起来，导致此争议的出现，既有表层缘由，更有深层次的原因。

表层缘由在于富力和真维斯这两家商业企业的经营理念与大学的价值追求，反差太大。前者以谋求利润最大值为目的，后者以探求知识和精神意义为动力，学校的主教学楼有别于学校的其他教学、办公场所，它是全校师生求知求学的殿堂，在某种程度上也是学校精神的地理标志，让它标上商业品牌，无形中会让师生有精神受玷污的感觉，由此引起的师生的反感甚至激烈反对，也就在所难免。

深层次的原因在于大学自身的沦陷，从而引起人们的普遍焦虑和不满。

何谓大学？对此见仁见智，说法很多，但相信大多数人会对蔡元培先生的“大学者，研究高深学问者也”这句话深会有同感，可以此来衡定现在的大学，它们留给人们的印象是什么呢？

首先是管理上的行政化。且不说学校都有副部级、正厅级、副厅级的行政级别，就是校级领导也都成了上级组织部门安排官员的“后花园”，至于校内管理中弥漫出的“官气”，相信对大学有所了解的人，一进校园即能嗅出味道。而学校奖励教学、科研突出的教师的通行办法是什么呢？给他一个处长、副处长的帽子戴上。在这种风气的影响之下，学校里的教授、副教授可以弃教学、科研于不顾，而几十人竞聘某个一官半职的管理岗位，落聘者甚至有衔怨记恨，不惜将不满发泄到课堂上的。

其次是学术上的功利化。学术本为求真而来，是在孤寂中探寻事物本真，推进事物发展的创新工作，可反观我们今天大学的学术研究呢，我们在干些什么？

一则为项目。因为上级或学术评定机构往往以项目级别的高低来衡量学术成就。这就迫使教研人员不惜花费大量的时间、精力、财力去填报各种申请表格，争抢项目发布机关端出的那碗粥饭。至于审批环节中的打招呼、跑关系、吃请送礼的行为，更是大家心照不宣的“潜规则”，反正项目批下来，名利兼收，花出去的是银子，揣腰包的是金子，收回的总比“投资”的多。到头来问及这些项目的实际影响和社会作用，则恐怕少有人去考虑这个“迂腐”的问题。

二则为奖项。曾几何时，大家都认为学术成果的优秀与否是靠各级奖项来衡定的，它有没有实用意义，有没有读者则是其次。这一主导观念造成的直接后果就是：大家想方设法打通关节，争取评委，争夺奖项，学界已等同于江湖。

三则为评聘。许多教研人员从事科研的动力不是因为有兴趣，因为对某一学术领域有所发现，有所领悟，而是为着评职称，完成考核任务。近些年来，学界中抄袭、拼凑现象严重，学术道德问题屡见报端，原因何在？根子不能说与这种“被科研”没有关系。

最后是精神上的庸俗化。大学之大，就在于它的精神之大，境界之高，它是整个社会的精神领地，引导着整个社会的前行。大学精神就在于它的独立精神、批判意识、责任态度、创新理念，而今日之大学呢？可以用文凭去换取外界的、尤其是外界权力资源的支持，可以用行政权力去代替学术评议，“官”越大，学问就越大，可以行贿送礼捞好处，……总之社会上有的，这里不仅全有，而且还利用自身高智商的优势，做得比社会更隐蔽、更高明、更合法，按照北京大学钱理群先生的说法，这里有着一群“精致的利己主义者”。

面对当今大学的这样一种现状，办学规模已经扩大，办学经费捉襟见肘的大学向“权”“钱”屈膝也就不足为怪了，网民对暨大和清华教学楼冠名的不满，实质上不过是对大学自身沦陷的不满罢了。

拍掉的诚信

——正龙拍虎解读

一张没有明星亮相、没有政治人物出镜，也谈不上构图精妙、技艺高超的普通照片，一幅在20世纪90年代销往全国的老虎年画，到底是怎样的机缘让这两者结合在了一起，掀起了一场蔓延全国的关于真与假的大辩论？要清楚地分析这则轰动一时的事件，要理解“正龙拍虎”这一新兴的网络成语，还得把眼光集中到一位原本普普通通的农民身上。

周正龙，陕西省安康市镇坪县城关镇文采村村民。2007年10月3日，他将一张用数码相机拍摄的野生华南虎照片送到了陕西省林业厅。经过鉴定，10月12日，陕西省林业厅宣布陕西发现华南虎，并公布了村民周正龙拍摄的野生华南虎照片。

但这一轰动性的消息随即引来广大网友的质疑。有网友甚至发技术帖，分析指出照片的几大疑点，从而认为照片有后期合成的嫌疑。随着质疑声音的扩大，关于真假的争论在电视、网络、报纸等各大媒体上刀来剑往，此起彼伏，十分热闹。

首先是10月19日，中国科学院首席研究员傅德志以自己从事植物研究二十余年的权威科学家的身份，给出了“敢以脑袋担保”照片有假的权威质疑。

10 月 24 日，国家林业局在听取了陕西林业厅负责人和周正龙的情况汇报后，决定组织专家赴当地进行野生华南虎资源状况专项调查。

但是这一调查却久久没有定论，网络上、媒体上、社会上支持和反对的争论硝烟也越来越浓烈。直至 2008 年 2 月 4 日，陕西省林业厅才有了初步的公开交代，就“草率发布发现华南虎的重大信息”发出《向社会公众的致歉信》。致歉信说，“在缺乏实体证据的情况下，就草率发布发现华南虎的重大信息，反映出我厅存在着工作作风漂浮、工作纪律涣散等问题。”并称，“关于华南虎照片的委托鉴定问题，按照国家林业局和省政府的要求，已经做了大量工作，我们将继续予以推进，一有结果，我们将接受国家专业鉴定机构的鉴定结论，并如实向社会公布。”

致歉信发布四个月后，也就是 2008 年 6 月 29 日，陕西省政府新闻发言人、省政府办公厅、省公安厅、省监察厅的负责人出席新闻发布会，向公众通报“华南虎照片事件”调查处理情况。

2008 年 11 月 17 日，此事进入法律程序。陕西省安康市中级人民法院在旬阳县法院大审判庭对“华南虎照”造假者周正龙案进行公开开庭审理。经过长达十二个多小时的庭审，安康市中院二审判决被告人周正龙犯诈骗罪，判处有期徒刑两年，并处罚金 2000 元；犯非法持有弹药罪，判处有期徒刑一年零六个月。总和刑期三年零六个月，决定执行有期徒刑两年零六个月，宣告缓刑，缓刑考验期三年，并处罚金 2000 元。本判决为终审判决。

随着周正龙案二审的结束，持续了 400 多天的华南虎肥皂剧也画上了句号。一个汉语新词因此诞生，那就是“正龙拍虎”，意指某人或某集团为利益所驱动而做假，被揭穿后仍抵死不认。“正龙拍虎”，正是具备了具有广泛影响力的公共事件这一条件，同时也充分体现了语言来自生活这一最基本的语言形成规律，而成为汉语新词的。

“正龙拍虎”所表达的不只是对周正龙造假行为的批判，更是对一些官员急功近利、好大喜功的丑态的痛恨。有媒体称其已成为蓄意造假和欺世盗名的代名词，寓意社会公信力的缺失。

学者熊培云将“正龙拍虎”事件称为“一场平民与真相的恋爱”。“周老虎已经成为人们代言真相与谎言交锋的一个符号。同样重要的是，透过这次刨根问底的追寻，我们看到了对真相的渴望使社会找到了一种久违的团结。在此意义上，寻找周老虎背后的真相更是在重建或者重申一种价值伦理与道德风尚，而那些指责媒体陷于混乱、丢失责任的人，真应了我常说的那句话——只是看到了时代在交媾，却看不到时代在孕育。”

或许，管理者的急功近利，才使假虎照招摇过市。“正龙拍虎”是个笑谈，但我们不能一笑而过，而应该认真反思。

污黑的奶粉
——三鹿奶粉案

三聚氰胺，这个在五年前还鲜为人知的化工专业术语，如今已成为人们耳熟能详的词汇。这个词的兴起伴随着的并不是什么有趣的可调侃的典故，它的背后却是2008年全中国经受的一场重大食品安全事故，和一张张婴幼儿受病痛折磨的小脸。

这一年的9月8日，甘肃岷县14名婴儿同时患有肾结石病症，从而引起外界关注。到9月11日，甘肃全省共发现59例肾结石患儿，死亡1人，部分患儿已发展为肾功能不全，这些婴儿均食用了18元左右价位的三鹿牌奶粉，而且人们发现两个月来，中国内地已有多个省份相继发生类似事件。

国家卫生部怀疑三鹿牌婴幼儿配方奶粉受到了三聚氰胺的污染。三聚氰胺是一种化工原料，可以提高蛋白质的检测值，如果长期摄入会导致人体泌尿系统膀胱、肾产生结石，并可诱发膀胱癌。根据公布数字，截至2008年9月21日，因使用婴幼儿奶粉而接受门诊治疗咨询且已康复的婴幼儿累计39965人，正在住院的有12892人，此前已治愈出院1579人，死亡4人。另截至9月25日，香港有5人、澳门有1人也确诊因食用此奶粉而患病。

接着，该事件迅速恶化，除三鹿奶粉外，包括伊利、蒙牛、光明、圣元及雅士利在内的多个中国厂家的奶粉都检验出了三聚氰胺，中国乳制品产业遭受重创，多个国家禁止进口中国乳产品。尽管各级政府对此采取紧急措施，事件得到有效控制——9 月 24 日，中国国家质检总局表示，9 月 14 日以后新生产的酸乳、巴氏杀菌乳、灭菌乳等主要品种，液态奶样本的三聚氰胺抽样检测均未检出三聚氰胺；2010 年 9 月，中国多地政府下达最后通牒：若在 2010 年 9 月 30 日前上缴 2008 年的问题奶粉，不处罚——但国人心悸犹在，2011 年中国中央电视台《每周质量报告》调查发现，仍有七成中国民众不敢购买国产奶。

在这场重大食品安全事故的曝光中，初期地方政府联合商家掩盖事实真相、对婴幼儿病例投诉视若无睹；事发后公关公司多方屏蔽新闻报道、篡改事实，而政府有关部门又对媒体报道加以限制和对律师“严格要求”，这些做法都令人气愤、心寒。

在这场重大食品安全事故的揭露中，民众对于食品安全的信心再次跌进谷底。地沟油、毒大米、洗衣粉面粉、苏丹红辣椒、酸素大蒜、工业盐、甲醇酒等商品早已被大陆百姓吃遍，甚至大多数人调侃自己的“抵抗力”超过外国人。基于此，这份信心的重拾恐怕是一个久远的过程。

在这场重大食品安全事故的暴露中，中国奶业可以说遭到了毁灭性的打击——“免检”制度被取消、奶产品出口被严限、业内信誉降到负数、销量直线下跌……就算有再高的市场占有率，就算还是那几家耳熟能详的奶业巨头在瓜分市场蛋糕，当民众已经不相信一个多年建立起来的所谓“大品牌”，不相信所谓“免检”，也不相信食品安全，商家还剩下什么？

“放心”食品不能让消费者放心，所谓公关媒体也不能坚守职业道德，地方政府和相关部门更是再三再四地让诚信打折。这种公信力集体缺失的背后隐藏的社会肿瘤，除了利令智昏以外，还有更多值得人们反思的地方。

圈押现代奴隶的地狱
——黑砖窑

《高山下的花环》的作者、著名作家李存葆，在其一篇题为《祖槐》的散文中写道："在中国两千多个县份中，知名度最高的恐要数山西洪洞了。洪洞之所以芳名远播，首先是因了一位青楼女子凄婉哀凉的吟唱：'苏三离了洪洞县……'"。

洪洞县是中华民族古老文明的发祥地之一，西周为杨侯国，秦汉置杨县，隋改洪洞至今，因境内有"洪崖"、"古洞"两个自然地貌而得名。六百多年来，"问我祖先在何处，山西洪洞大槐树"的民谣使洪洞大槐树成为大半个中国百姓魂萦梦牵的"根"。

相传洪洞县卦底村是伏羲画八卦之地，侯村有女娲陵、娲皇庙及补天石等女娲传说遗址。法律之祖皋陶是今洪洞县士师村人，音乐鼻祖师旷为今洪洞县师村人……

如此深厚的文化底蕴，如此悠久的文明历史，似乎鲜为人知。

历史上北京名妓苏三蒙冤落难，囚禁于山西洪洞县城内的故事自古流传至今。"九也恨来十也恨，洪洞县内是无好人。"这是戏剧名段《苏三起解》中蒙冤的苏三发出的千古一叹。当然，如此说来，并非是说洪洞县人都不是好人，而是说洪洞县的衙门暗无天日，没有好人。

只听京戏，容易对洪洞产生单调的印象。

当今国人深度认识洪洞县，既不是因为京剧苏三，也不是因历史名人，而是互联网所掀起的黑砖窑事件。

砖窑本无黑白之说，只因黑心者买卖、虐待、奴役农民工，还有未成年的孩子和智障人员，媒体遂有“黑砖窑”一说。一时间，全国上下都把目光投注在了洪洞这个历史名县上。

黑砖窑在山西由来已久，当地有关政府部门也一直在整治，山西、河南等地新闻媒体也在不断地报道，只是未引起广泛关注罢了。

2007 年 6 月 5 日，《大河论坛》出现一个题为《400 位父亲泣血呼救：谁来救救我们的孩子?》的帖子，在社会上引起强烈反响，一周内该帖子的点击率超过 31 万。6 月 7 日，这个帖子被转贴到天涯论坛，在全国引起更多关注，6 天时间，该帖点击率高达 58 万，并有 3000 多篇回帖。

与此同时，6 月 7 日的《山西晚报》刊发了关于洪洞县黑砖窑事件的报道《黑砖场里，他们过着“奴隶”生活》，该文报道了洪洞县广胜寺镇曹生村一个黑砖场有 31 名农民工，其中 23 人是被人从郑州和西安火车站骗来的，另外 8 人神志不清；砖厂老板养了 5 名打手和 6 条狼狗巡逻，农民工们只要动作稍慢，就会遭到打手无情殴打，他们每天干活长达 16 ~ 20 小时，却领不到一分钱工资。该文配有 31 名奴工惨状的照片。这篇文章尤其是图片经网络转载后，激起社会强烈义愤。各地都市类媒体迅速介入，一些都市媒体还主动寻找被解救的民工进行采访，请他们讲述个中苦难遭遇。

6 月 11 日起，黑砖窑事件成为国内各大门户网站的头条新闻，甚至有海外媒体介入，形成巨大的国际舆论压力。

胡锦涛、温家宝、吴官正、李长春等党和国家领导人分别作出重要批示，国务院向山西派出联合工作组，并召开常务会议听取黑砖窑事件汇报，要求彻底查清，严肃处理这一事件，严厉打击违法犯罪行为和黑恶势力，严惩违法犯罪分子，严肃查处有关工作人员的腐败和失职渎职问题，维护人民群众合法权益，维护社会公平正义。

在这种情况下，黑砖窑主们一一受到了惩罚。

到底是什么原因让洪洞县出了一批坏人，导致黑砖窑事件发生呢？

地方政府监管缺位是这些21世纪人间惨剧发生的主要原因。有知情人士证明，当地基层派出所常年驻在乡村，难免会和砖瓦窑主有些瓜葛。有记者在涉案现场的砖窑发现多份来自“洪洞县地质矿产局广胜寺矿管所”的“广胜寺所制止国土资源违法行为通知书”，显示有关部门早在2006年初就已知道这件事，但是一直靠收取罚款了事。

这样，砖厂主们为了一己私利，黑了良心，没了人性，非法拘禁农民工；执法者们为了一己私利，视而不见，放任不管，最终共同酿出了这些现代“黑奴”惨剧。

时过境迁。时至今日，我们相信，窑主们只是一时“黑”了砖窑，古风悠悠的洪洞县终究是要亮起来，也会亮起来的，毕竟那里还是好人为多。

是学术之辩，更是利益之争
——曹操墓的真假问题

历史是一盏照亮暗夜的油灯，虽然给未来以光明，但这光焰却并不稳定，有时明，有时暗，有时还被政治或其他黑幕遮蔽，且时时受着风的影响，左右摇曳，让人迷惑眩晕，不辨东西真假。一部曹操的历史大约如此。作为一个乱世中横槊赋诗、横刀立马的盖世英雄，曹操的文治武功在生前和死后一段时间，颇受人尊崇，但大约在北宋之后，他的这一形象便被小说、戏剧完全颠覆了，曹阿瞒（曹操小名）几乎成了奸雄的代称，曾几何时，就连他的坟墓也有了七十二疑冢的说法，以佐证他多疑、奸诈的白脸形象。

其实从现存史料和考古发掘的情况来看，曹操主张丧葬从简，更未设疑冢以弄人。他说，“古之葬者，必居瘠薄之地”，他死之后呢，“葬于邺之西冈上，与西门豹祠相近”，只是要其后人“时时登铜雀台，望吾西陵墓田”而已。所以当公元220年他逝于洛阳后，其灵柩很快被运至邺城，葬于西门豹祠以西丘田中，没有封土建陵，没有金玉相陪，没有祭殿以壮观瞻，六七百年后，这一陵园便不知所在了。

陵园不见了，曹操的尸骨何在呢？地表的痕迹没有了，地下的墓室何在呢？这给了后人无尽的说辞和想象。

古之邺城为今之河北省邯郸市临漳县（邺北城）和河南省安阳市

北郊（邺南城）一带，漳河穿地而过，也就是说，曹操是埋在这两省两地的。按照古今历来的情况，凡是事涉数地的历史人物和事件，或因山河变迁，或因区划异动，或因地名更改，或因名利考量，后人大多会为此发生属地口争：炎帝神农遂何方人氏？鄂之随州，陕之宝鸡，湘之炎陵，苏之徐州，各执一词；诸葛亮躬耕隆中，隆中实指何地？鄂之襄阳，抑或豫之南阳？嘴皮官司，百年不绝；李自成死于何处？鄂之通山，湘之石门，互有说法，至今难定。如此等等，不一而足。

看来，在真相未明之前，曹操墓地之争是在所难免的了。

2009 年 12 月 27 日，河南省文物局在北京举行新闻发布会，宣布已发现曹操墓及曹操墓的考古成果和专家认定曹操墓的六大依据。这一轰动性新闻，引起了社会各界的广泛关注，围绕着墓室是否造假、墓主人是否就是枭雄曹操等关键问题，各界展开了激烈争论，并迅速演变成一场席卷社会各个层面的公共文化事件。

这一阶段“反曹派”质疑的问题主要有：

一是关于墓室造假问题，有人认为这是“有计划的造假”；

二是关于墓室内部器物造假的问题，这方面意见包括：

（一）“魏武王”提法不成立。在第一阶段发掘中，共出土刻有“魏武王”字样的石牌七块，其中“魏武王常所用格虎大戟”石牌最为完整。河南开封文联书画委员会主任林奎成认为，曹操生前先受封“魏公”，后又封“魏王”，死后才封谥号“武王”，史书皆无“魏武王”的名号记载，在礼制等级森严的时代里，曹操墓中“魏武王”提法显然不能成立。

（二）“武”字写法为伪造。江苏书画鉴定委员会主任委员李路平认为，曹操墓中含有“魏武王”字样石牌的“武”字，均将“止”部错写为“山”，遍查古代篆隶，皆无此写法。

（三）汉画像石有做旧痕迹。中国政法大学中文系教授、魏晋史专家黄震云认为：曹操墓汉画像石图片伪造迹象明显：“整个图像用现代工具开槽太深，说白了就是用电锯锉的，边框斜得太过明显，甚至连石头印痕、石头粉末还在的情况下，就只好在上面抹上黄土冒充。”

（四）鲁潜墓志铭是赝品。1998 年 4 月，河南发现《鲁潜墓志》，该墓志明确指明了曹操高陵的具体地理方位。“反曹派”李路平认为，墓志铭是用来记载亡者生前事迹并埋入墓中的，为何偏偏这个鲁潜的墓志铭写了就在曹操墓的一侧。他认为这只不过是安阳文物贩子为了卖出好价钱，而埋在安阳西高穴村一带的“地雷”。

2010 年 8 月 21 日，在苏州召开的由河北邯郸古邺文化研究会等单位共同主办的三国文化全国高层论坛上，倪方六等 23 位学者就上述几个主要问题提出了质疑。

“打曹”最为激烈、公开身份是“联合国世界新经济（中国）研究会秘书长、《中国文化发展内参》执行总编、中国三国文化研究中心顾问”的河北籍学者闫沛东，据传原先是准备参加这个论坛的，但“临行前由于朋友劝阻等各方面压力而取消了苏州行程”。他说他握有证明曹操墓是假的铁证。

他告诉采访者，考古队宣布的出土文物——石牌、画像石，以及指明曹操墓方位的“鲁潜墓志”，都是在南阳一个地下造假工厂生产出来的。“我还亲眼目睹了制造石牌的工具，弄清楚了石牌、画像石制造出来的全过程，并拍了照片！”

他说他还在南阳造假地下窝点，发现了一本盗版的《三国演义》，其扉页上还有造假者为方便联系而写的电话号码，他偷偷地把那本《三国演义》带了出来，这可以作为曹操墓造假的重要物证。

至于人证，闫沛东表示，西高穴村的村民徐某已经答应他为曹操墓造假作证，此人曾经被河南考古队雇用，参与曹操墓发掘，亲眼目睹了考古队造假的全过程。

“打曹派”领军人物之一的西安市委党校历史系教授胡觉照在激动之时，甚至向中国社会科学院学部委员、中国社会科学院考古研究所学术委员会主任、在确定西高穴曹操墓中起重要作用的刘庆柱发出挑战：“愿意和刘先生一块去测谎，我要是说谎了，就自我了断；如果刘庆柱说谎了，也不要刘先生了断，就请刘先生以后不要胡说八道！”

针对曹操墓室造假之说，中国社科院研究员、殷墟发掘队队长唐际根称，曹操墓仅墓道即长达40米，宽近10米，墓底距地面15米，以巨石铺地，青砖砌起，“二号墓加上一号墓整个墓园占地上万平方米，如果要造假，如此大规模一直没人发现？”

他还说，曹操墓中还残存了400件文物，如果有人造假的话，这400件文物都得假造成与曹操或者曹操的时代有关，否则就会“穿帮”。“普天之下，包括最有经验的汉魏考古学家在内，恐无一人有能力制造400件时代风格一致、组合关系符合墓主的身份与背景、符合当时典章制度的文物，并将这些文物埋藏到一座沉积了二米多厚淤泥的墓葬之中。”

针对“打曹派”对“魏武王”提法的质疑，实地发掘曹操墓的河南省文物考古所安阳墓考古队队长潘伟斌回应称：“魏武王”是曹操死后到曹丕称帝这短短八个月中所用的。这一称谓早在曹操去世不久的南朝时期沈约编著的《宋书·卷二十三·五行三》就有记载：“汉献帝二十三年，秃鹫鸟集邺宫文昌殿后池。明年，魏武王薨。”

对于“武”字写法问题，中国社科院考古研究所的铭刻专家赵超指出：古代异体字甚多，不能根据见过或没见过的写法下断语。

关于画像石的真假问题，刘庆柱说，“他们没见过实物，就将结果随口说来”，这些物证都做过微痕研究，“都是使用专业仪器做的，要是还不信，他们可以去对石牌等物证做年代测试。”

至于鲁潜墓志铭是“埋地雷”之说，潘伟斌斥为“无稽之谈”。

“如果埋地雷的话，无非是想求利，但是，这个墓志铭是徐玉超（发现者）主动上交给县文物部门的。《鲁潜墓志》是1998年发现的，难道说他早就知道曹操墓就在附近吗，他有这么高的造假水平?”

谈及闫沛东的人和物证问题，刘庆柱告诉采访者，“我觉得他们如果要反驳关于曹操墓的结论，那就请拿出证据来。如果证实曹操墓有假，你们可以去上诉，去告安阳考古所和国家文物局”。“我也听说他们有录音证据，如果有，就请亮出来”。

面对“三国文化全国高峰论坛”上23位学者的激烈“打曹”声，唐际根说：他们中没有一位是考古学家，绝大部分是文化学者，而且大都没有到过西高穴大墓的考古现场，“他们纠缠于个别细节，没有完整地考虑所有证据。在他们看来，只要文献上没有的就一定是错误的或者是有问题的，完全颠倒了实物证据与文献证据的关系。”他因此“怀疑其中一些人的动机是否想学娱乐明星自曝绯闻或裸照，并借此上位”。

就在“打曹派”和“挺曹派”刀来剑往之际，2010年1月，中国社科院考古研究所组成考察团，考察了备受争议的西高穴大墓，最终确定此墓为曹操墓。

6月11日，由国家文物局主办的“2009年度全国十大考古新发现”在苏州揭晓，“曹操高陵”高票入选，一度引起社会热议的曹操墓真假问题似乎画上了句号，但没想到接下来的事情，却又掀起了新一轮的争议。

6月11日，河南省文物局宣布，将于次日开始，恢复对曹操高陵一号墓地的考古发掘工作，中央电视台还将对发掘过程进行全程直播。有专家认为，该墓是曹操长子曹昂的，也有专家认为是曹操爱妃的墓室。

可结果令人失望，一号墓中盗挖严重，除过道上发现一把铁剑外，别无所获。

二号墓则有新的收获。一颗质地温润的翡翠宝珠和多颗规格相同的玉珠印证了曹操生前倡导薄葬的史料；一张已腐朽不堪的案台、一架古琴和一方砚台，似乎在诉说着墓主人的文治武功，但该墓中出土的一个头盖骨，只存头顶和后脑勺，脸部被砍去。考古专家认为，该头盖骨当是曹操的，只是因形状不全而无法用现代技术复原其貌，甚为遗憾。

这次发掘中的最大收获当属发现的一块刻有“常用大犀盾”的石牌，这石牌虽不见“魏武王”等字样，但表明墓中曾陪葬有用犀牛皮制作的大盾牌，证明了墓主人的戎马人生。但这一被发掘者视为“铁证”的文物却也被质疑者理解为反证之一：身为最高统帅的曹操，还需要盾牌加以防身?“常用大犀盾”的最大可能就是：这不是曹操墓。

另外，在此次直播中，河南省文物部门公布了一些此前未公开的二号墓的出土文物，其中居然有陶猪圈。陶猪圈是家庭饲养的象征，它反映了汉代“事死如事生”的厚葬礼俗，然而，曹操墓中也出土此物，“难道说曹操生前还养猪?”网民调侃道。

这样，这次发掘因石牌铭文和陶猪圈而再度引发了新的争议。

激辩双方的代表人物是国家文物局考古专家组成员徐苹芳和曹操高陵考古队队长潘伟斌。

徐苹芳认为：“这个大墓几乎被盗空，真实性到底如何，这事儿根本没弄清楚！墓都没有‘挖’清楚，证明墓主人更是难上加难。”

针对陶猪圈的公布，徐苹芳说：“之前从未听说该墓出土陶猪圈。考古中一碰到陶猪圈，就说明不是最高等级的墓葬了，因为帝王陵里从未有过这种东西。陶猪圈是一般墓中必备的、反映地主庄园生活的随葬明器。”

潘伟斌则认为：“曹操高陵虽多次遭盗掘破坏，但其墓葬结构保存完整，经过一年半的考古发掘，陵园布局也基本弄清，出土文物300多件，具有很高的历史、艺术、科学研究价值。曹操高陵保存下来的遗迹、遗物，为研究魏晋时期丧葬制度提供了诸多重要历史信息，对这一时期墓葬的年代具有标志性的作用。

“曹操墓中出土的应该叫陶圈厕，汉代厕所与猪圈大多合一。”“东汉诸侯王墓葬中随葬陶猪圈并非罕见。曹操下葬时身份为魏王，也属诸侯王级别，并非当时最高级别墓葬，随葬猪圈是符合历史事实的。”

关于“长犀盾”的争议，潘伟斌解释道：“长犀盾和大刀、大戟、短矛等是一级兵器组合，既有攻击性武器，又有防御性武器，是合情合理、不可分割的。这些出土文物为曹操墓定性补充了新证据。”

事已至此，虽然双方各持己见，但国家文物局依据出土的“魏武王常所用格虎大戟”等石牌铭文、鲁潜墓志、西门豹祠位置及多位专家的论证，最终将西高穴村大墓定性为曹操墓地，并将此项发掘评选为“2009 年度全国十大考古新发现”，应该说是为这项考古行动下了最权威的官方结论，对曹操墓的千年猜测至此应画上句号。只是在这一轮又一轮的激辩中，留给人们的思考却是长远的。

首先是激辩表现出的科学精神令人欣喜。曹操墓的发掘，经历了一个“挖掘”到“质疑”，“再挖掘”到“再质疑”的一个反复过程，在这个过程中，包括考古界、文化界、一般网民在内的社会各个层面的人士质疑了陵墓发掘出的几乎所有的文物，从年份时代、死者身份、礼制规格、语言文字等多方面论证了它们之间的合理与不合理之处，尽管其中有诸多尚未完全破除之处，但无论如何，这种学术之辩却能促使人们以更加认真、客观的态度去探寻事物的本真，而这个正是科学精神的基础，也是一个社会开明、进步的动力和标志。

其次是激辩引发出的对民族文化遗产的关注令人欣慰。曹操是东汉末年的时代豪杰，也是我们中华民族值得称许的杰出人物，他的军事思想和文学成就是我们民族精神遗产的宝贵一分子。社会各界和网民对他墓室挖掘情况的关注，实质上体现的是对民族文化遗产的关注，而不只是仅仅被动接受媒体的宣传报道和官方公布的结果。“周老虎”事件在前，人们已从那种欺世盗名的丑闻中学会了鉴别，因而尽管这其中有过胡觉照教授的过激之言，有过潘伟斌的“将诉诸法律，讨个说法”的气急表示，但“对人”的目的还在“对事”，还是体现了对民族文化遗产的自觉关爱之情。

最后是激辩背后暴露出的利益之争令人担忧。上文说过，据史料记载，曹操墓地位于“邺之西冈”，邺又处于今天河北邯郸和河南安阳一带，这可以说是引起这次争辩的伏笔之一。闫沛东是“打曹派”的主要人物之一，他自称河北学者，声称掌握着曹操墓造假的人证、物证，但自始至终，他都没有将这些“证据”公诸于世，这不禁让人怀疑某些质疑者的动机。另外，据 2010 年 5 月 14 日《河北经济日报》报道，邯郸市临漳县准备打造“曹操墓田”景点。这个墓田当然不是安阳的曹操墓，此举自然需要邯郸“古邺文化研究会”鼎力相助以为“临漳文化旅游业发展寻求有力的理论支撑”，于是，在这种背景下，三个月后，由河北邯郸古邺文化研究会等单位共同主办的，在苏州召开的“三国文化全国高层论坛”出现质疑安阳曹操墓的声音，也就不足为怪了。

而就在质疑声音尚未绝耳之时，安阳方面已急不可耐地着手旅游开发。

2010 年 8 月 10 日，河南省安阳县政府透露，“曹操高陵临时展日前正在抓紧布展，预计将于 9 月初对外开放。”

据记者采访得知，安阳方面已将曹操墓的票价定为每张 60 元。有人算了一笔账，100 张票是 6000 元，即使一天仅卖出 1000 张，一月社会收入 180 万元，一年就是 2000 多万元，更何况每天参观的人数或许远不止此。

哈哈，真假之辩原来还包裹着利益之争！这虽是现实的投影，却总也让人有喝汤喝出了苍蝇般的难受。试想一想，夹杂着名利的学术之争，还能保持一份理性的精神和客观的态度吗？

2002年6月初，山西省吉县“人祖庙遗迹”的考古清理结果披露，有专家认为，在人祖庙发现的6200年前“皇帝遗骨”为明代人认为的女娲骨骸。

在各地“文化搭台，经济唱戏”的冲动中，可能不久的将来还会出土太上老君的头盖和孙悟空的肋骨之类奇闻。

不要带血的 GDP
——富士康跳楼事件

2010 年，富士康像被施了魔咒一般，连续发生员工跳楼自杀事件：

2010 年 1 月 23 日，19 岁的员工马向前在富士康华南培训处的宿舍死亡。

2010 年 3 月 11 日晚 9 时 30 分，富士康龙华基地一名 20 多岁的李姓男工在生活区 C2 宿舍楼 5 楼坠亡。

2010 年 3 月 17 日上午 8 时，富士康龙华园区一名田姓女子从宿舍楼跳下摔伤。

2010 年 3 月 29 日凌晨 3 时，富士康龙华园区一名从湘潭大学毕业的 23 岁湖南籍男工，被发现死在宿舍楼 J1 楼一楼过道，后被警方认定为“生前高坠死亡”。

2010 年 4 月 6 日下午 3 时许，富士康观澜工厂 C8 栋宿舍一名未满 19 岁的江西籍饶姓女工从宿舍楼 7 楼坠楼。

2010 年 4 月 7 日下午 5 时 30 分许，富士康观澜工厂一名 18 岁云南籍宁姓女工从厂外宿舍楼坠亡。

2010 年 5 月 6 日凌晨 4 时 30 分，一名年仅 24 岁入职不到一年的男性员工从富士康龙华总部招待所 6 楼房间阳台纵身跳下，结束了年轻的生命。

2010 年 5 月 11 日，深圳宝安区龙华街道水斗富豪新村 11 巷某栋住宅楼，一名租住在该楼的女子突然爬到 8 楼楼顶，然后一声不吭地就往下跳，摔到地上时一动不动，后经赶来的 120 急救人员现场确认，该女子已经死亡。此女子为富士康员工，姓祝，24 岁，河南人。

2010 年 5 月 14 日，在深圳富士康龙华厂区北大门附近的福华宿舍，晚间富士康一名安徽籍梁姓员工坠楼身亡，年仅 21 岁。

2010 年 5 月 21 日凌晨 4 时，富士康一名年仅 21 岁的男性员工南钢从 F4 栋楼跳下身亡，凌晨 4 时 50 分，南钢被送到深圳龙华人民医院，确诊已经死亡。这是富士康该年的第十起员工跳楼自杀事件。

南钢并不是富士康跳楼事件的最后一位，在 2010 年 5 月 25 日凌晨，富士康科技集团观澜园区华南培训中心一名员工坠楼死亡。2010 年 5 月 26 日晚 11 点，富士康深圳龙华厂区大润发商场前发生第 12 起员工跳楼事件，死者是 C2 宿舍一位男性。2010 年 5 月 27 日凌晨，经查证，一名约 20 岁男性职工凌晨 4 时左右，在富士康鸿泰职工宿舍区，用割腕方式自杀。这名职工经送龙华人民医院紧急抢救后，已无生命危险。

针对如此频繁的自杀事件，富士康集团总裁郭台铭亲自联系山西五台山高僧，来深圳为富士康员工祈福，希望通过祈福阻止不幸事件的发生，消除员工内部弥漫的不稳定情绪。

然而高僧能解除这魔咒吗？当然不能，因为施魔咒的正是富士康自己。5 月 26 日香港《明报》发表文章分析富士康深圳厂跳楼事件。文章说在物质层面，富士康是待遇优渥的公司，所以吸引很多人进入，但在精神层面，富士康是“血汗工厂”。

尽管郭台铭极力否认自己的工厂是血汗工厂，但有一点不可否认，在富士康，企业与员工之间、员工与员工之间缺乏必要的沟通与关怀，他们的关系是冷漠、麻木不仁的。而造成人际关系的冷漠，正是富士康管理逻辑：一切都是为了追求高效率，这也是导致连环自杀的魔咒。

《第一财经日报》记者李娟曾来到富士康龙华园区，进行长达一周的采访。在富士康龙华园区，2.3 平方公里的土地上聚集了将近 30 万人。这里人多，秩序井然，但没有什么生活气息。路上看不到相互追逐嬉闹的场景，也没有大声喧哗的场面。这里的宿舍安静得让人有些害怕。在龙华园区 G 座的女工宿舍里，每层楼都有一台公共电视，电视前面有很多椅子。到了傍晚，会有一些女孩子围坐着看连续剧，但音量大多调得非常低。这是一个 30 万人聚集的地方，但却像是荒野，找不到可以说话的人。

在富士康，所有的生产环节都被细分。每一个工人必须在规定的时间内完成规定的几个动作。在 PCEBG 事业部的一条生产线上，女工简洋正在不停地测一块电路板的正负极。她动作很快，几乎 2 秒钟就可以完成一块电路板的测试，连她自己都说不清楚，一天要测试多少块电路板。富士康生产线上最普通的一道工序是贴胶纸：在主板上贴 18 张胶纸，2 分钟内完成。每个工人每天要完成 220 块这样的主板，他们每天工作 10 个小时，都是在这样简单而又重复的工作中度过的。这些工人每天工作 8 个小时，每个月只能拿到 900 元的底薪，如果他们想赚取更多的钱，就不得不选择多加班，不得不选择放弃自己休闲娱乐的时间，进行简单而又重复的劳动。富士康员工童小燕说，赚的钱里面，加班赚的比重有一半。

同样，在富士康，一线员工的生活环节也被细分，他们必须在规定时间内完成自己的生活。富士康的生产是“表格化”的，不同班组的上班时间被有序地错开。这决定了富士康员工的生活也是“表格化”的，不同班组吃饭、睡觉、娱乐时间也需要错分开来。“如果白班是 7 点 30 分开始，中午 12 点到 1 点之间就是吃饭的时间。”湖北人江山说，去掉排队和走路的时间，真正吃饭的可能只有中间的 20

分钟，如果这个点不去吃饭，就吃不到饭了。

为了高效率，在富士康，要洗的衣服也被要求在规定的时间段送至规定的地点，每天专门的洗衣公司会回收三次。

这种细分的生产环节、生活环节，在富士康称为效率。它其实早有一个名字，叫“泰勒主义”。其精髓就是把作为管理对象的“人”看作是“经济人”，利益驱动是该理论用以提高效率的主要法宝。富士康的普工占到员工总数的85%以上。在这个全球最大的电子产业专业制造企业中，普工们是流水线上的一颗螺丝钉，他们的生活被一再规范化一再简化，最终“睡觉、工作、吃饭”几乎成了生活的全部。

“许许多多的农民工抱着青春的梦想进入了富士康，却发现自己几乎看不到任何晋升的机会，看不到梦想在实现。”对劳动密集型企业曾做过深入了解的广东观察人士萧南周说。在很多劳动密集型企业，人只是实现企业生产目的的工具。正因为如此，富士康的普工的月离职率高达4% ~5%，整个行业普工的离职率正常情况下一年在20%左右，而富士康的离职率在50%左右。

富士康系列自杀事件后，一些学者在谈论新生代农民工的精神危机。其实这和是不是新生代没有关系，工业社会在进化，生存环境在改变，人的精神状态当然在变。不管出于什么诱因，最根本的是，在这里，青春的梦想被一道道细分的程序所肢解。可他们忘了一个根本的道理，企业需要在追求效率的同时营造员工的交往空间、发展空间，这是人的基本需求，也是企业责任和义务的所在。人毕竟不是机器，他们需要温情，需要关怀，需要爱。

强奸逻辑

——戴安全套不算强奸

2011 年 5 月，天涯论坛上出现一则名为“官员涉嫌强奸人民教师”的帖子，此帖犹如一枚深水炸弹，炸开之后泛起的是令人唏嘘、惊愕和愤怒的无数浪花。

发帖人是贵州毕节市阿市中学 26 岁的初中英语老师周琴。她称 2011 年 5 月 17 日，阿市中学校长强令她为领导陪酒，酒醉后的她，被毕节市阿市乡国土资源管理所所长王忠贵强奸。

原来，2011 年 5 月 17 日因学校要进行法制宣传，英语老师周琴被指定为这次法制宣传活动的两位主持人之一，中午 12 点，活动结束。学校把各位领导和教师一起召集到乡政府的食堂吃饭。用餐前，校长代礼平点名要周琴去给领导们敬酒。拗不过校长的周琴来到八位领导之间，被要求依次敬酒，每人一杯。这样，她来来回回总共敬了十五六杯酒，远远超出了她的“可承受范围”。

醉酒后的周琴被王忠贵拉上了车。王忠贵谎称送她回家，却将周琴带到了他的办公室，对她搂搂抱抱。当时神志还有些清醒的周琴已经意识到了危险，遂借口上洗手间躲避，但由于喝酒太多，她在卫生间内渐渐昏睡过去……第二天醒来，发现自己一丝不挂地躺在床上，顿时，她意识到，“我被王忠贵强奸了。”

也许大家觉得荒诞到此就应该结束了，岂料更荒唐的事随后发生。事后周琴去报警，检察院以证据不足为由，让公安机关补充侦查。更令人费解的是，给她做笔录的教导员撂下了一句“戴避孕套不算强奸”的谬论，劝其私了，并说帮她保密。

事情的解决当然不可能按照这位警察同志所说的“戴避孕套不算强奸”的了。据报道，2011 年 7 月 13 日毕节市人民检察院已经批准逮捕王忠贵，最后的裁决还依赖和等待法院的审判。

但回顾本事件的全过程，相信人们不仅为事件的经过愤慨，更为事件中那句“戴避孕套不算强奸”的言论愤慨。

什么是强奸？强奸就是违背被害人的意愿，使用暴力、威胁或伤害等手段，强迫被害人进行性行为的一种行为。法律上没有规定戴避孕套就不算强奸，这个逻辑似乎是某些人的主观臆造。按照这个逻辑，男子只要戴上避孕套，就可以随意和女性发生关系了，这岂不是纵容犯罪？“戴避孕套不算强奸”的逻辑的荒唐，就如同戴上手套杀人，却不算杀人一样荒谬。它是司法者随意曲解法律条文的直接表现。现在的问题是，一桩明明白白的强奸案，一个小小的乡镇国土资源管理所所长，为什么有人却把它弄得如此复杂，如此迷离？这背后是不是权力运作的结果？是不是官官相护的结果？如果这张暗网不除，只怕受害人周琴的屈辱永远也得不到伸张！

上了“洋”当
——达芬奇事件

2011年7月10日，央视《每周质量报告》播出《达芬奇天价家具“洋品牌”身份被指造假》节目，揭露达芬奇家居的假洋品牌问题。在此情况下，达芬奇家居的生产商不仅没有及时主动地承认错误、积极整改和赔偿，反而多次变脸：从开始的哭诉、道歉直至否认，大玩拖延战术，迟迟没有给出合理的解决方案。事到如今，达芬奇家居还是没有给出应有的答复，媒体也少有报道，相关部门对此事的最终解决结果也无人知晓，总之，此事不了了之。可怜的还是那些当初迷信洋品牌的消费者，他们花了数万甚至数十万的钱财，最后买回存在种种问题的假洋品牌，彻彻底底地上了一回“洋”当。

那么达芬奇家居是怎么变身成“洋货”的呢？其实说来也简单，就是把国内产的家居来个“二进二出”。达芬奇公司先收集国内代理生产商交付的家居产品，再将这些家具从深圳口岸出港运往意大利，再又从意大利把这些在国内生产的家居运回上海，从上海报关进港回到国内。通过这种“二进二出”的伎俩，这些国内产的家具就有了全套的进口手续，成为达芬奇公司所说的“100%意大利原装”、“国际顶级品牌”家具。于是达芬奇家居对外宣称，“我公司销售的意大利品牌家具，均在意大利生产，并且原装进口至国内；包括 Cappelletti

（卡布丽缇）和Riva（瑞瓦）在内。”产品价格随之坐地暴涨，原价3万元的达芬奇家具在“二进二出”，摇身一变成了“洋货”后，飙升至30万元。

不仅如此，达芬奇家具的部分产品还是不合格的。如售价92800元的卡布丽缇床头柜，对外宣传是实木，实际上是密度板黏合的产品，背后是多层面板。还有，按照国家相关规定，家具产品应该标明产地和具体的材质，但达芬奇家具的大部分产品标志均不规范，这无论是从《广告法》、《产品质量法》，还是从《消费者权益保护法》来说，都难逃“欺诈”的嫌疑，至少也是“恶意误导”。但内幕被曝光后，达芬奇家居不但没有坦诚认错，还和大家玩起了“变脸”游戏。这些表现就不得不让人要问一句：诚信在哪里？

诚信是现代市场交易的基本精神，达芬奇家居在此事件中，不仅没有表现出它作为一个市场主体参与市场活动所需的诚信精神，反而弄虚造假，挂“洋（羊）头”，卖狗肉。对外宣称是“100%意大利原装”，可卖的却是国产家具，且在它的“国际顶级品牌”家具中还含有三聚氰胺，这哪有诚信可言呢？这完全是利欲熏心、唯利是图。古人云，“人无信则不立，业无信则不兴”，达芬奇家具的做法，在侵害消费者合法利益的同时，也在自己拆自己招牌，扇自己的耳光。对达芬奇家具的这种行为，应通过法律给予其应有的惩罚，同时也要告诫其他市场主体，必须严守诚信、合法经营。

在反思达芬奇家居诚信问题的同时，也不能忽视相关部门的监管缺位问题。据了解，达芬奇家具1998年进入市场，在它未曝出此事前的13年间一直没有“遭遇”执法部门的质量抽检。只是在此事件曝光后，执法部门介入调查，达芬奇家具才不断曝出产地造假及质量问题。

对此，中消协律师团团长邱宝昌表示，“为什么这么快查出的问题以前就没发现呢？”他还指出，达芬奇事件暴露出了洋品牌家具在入境、生产、销售几个环节所面临的监管缺失问题。“达芬奇事件完全是可以避免的”，中消协律师团团长邱宝昌还指出，在入境环节上，达芬奇家具入境时，如果海关、出入境检验检疫部门一一对应报关单、认真检查的话，就不难找出漏洞。在生产环节上，达芬奇家具的一些品牌产品是在东莞等地厂家代加工生产的，当地质检部门如果进入这些工厂查验每一批货，就会发现标着“意大利产”、“美国产”的家具，就会对“洋牌子”有所警惕。还有，在销售环节，只要当地工商部门在日常监管中稍微认真地检查一下，达芬奇家具的虚假宣传和不标产地的问题也很容易被检查出来。因此，从负责任的角度出发，相关部门必须提高警惕，严格执法，加强监察力度，履行自己的职责。

总之，达芬奇家具的“洋当”从反面警醒了企业，要回归到消费者利益上来，讲诚信、负责任，同时也警醒了相关监管部门，要严把关口，提高监管力度，切实负起自己的责任。

撼动的是文化殿堂
——故宫“十重门”

故宫，这所收藏了中华民族数千年艺术精品的文化殿堂，近年来却连曝十件丑闻，把国人雷得外焦里嫩，这些丑闻被网友们戏称为“故宫十重门”。

1. 失窃门：2011 年 5 月 8 日，香港两依藏博物馆在故宫斋宫举办《交融——两依藏珍选粹展》展览，其间发生展品离奇失窃事件。

故宫反应：这个案件暴露出我院闭馆清场、报警设施设置、重大作案预判及相关措施等关键环节有问题，给了我们极为沉痛的重大教训，院领导班子都作了深刻检查，分管院领导和各级相关责任人追究了责任，按规定分别做出行政警告、记过、记大过和丌除、留院察看的处分，以此教育、警示全体干部职工。

2. 错字门：故宫博物院副院长纪天斌等到北京市公安局赠送锦旗。然而，一面写有“撼祖国强盛，卫京都泰安”的锦旗却招来了网友的强烈质疑：堂堂故宫，难道也写错别字，而且还是意思截然相反的错别字？

故宫反应：在错别字出现和当事人回应已经成为媒体热点，演变为突发公共事件后，如果我们立即公开诚恳承认错误，会有助于社会的谅解。由于纠错不够及时果断，又强调责任在下属，从而引起社会各界的广泛批评，对此我们深感自责。

3. 会所门：央视经济类节目著名主持人芮成钢发表微博，称听说故宫的建福宫已被某知名企业和故宫管理方改成一个为全球顶级富豪们独享的私人会所，现有500席会籍面向全球限量发售。一个外籍导游曾骄傲地说，他刚将一位美国亿万富翁的全家单独安排在故宫不对外的宫殿里晚宴。

故宫反应：所谓建福宫办会所的事情，故宫方面已进行了调查并向社会作出澄清。故宫博物院领导班子从未有过在故宫开办任何会所的动议，一直将在火灾废墟上复建的建福宫花园主要用于举办新闻发布会、小型展览、公益文化活动和接待国家重要贵宾。

4. 哥窑门：2011年7月4日上午约10时，故宫博物院古陶瓷检测研究实验室科研人员在对古器物部提取的宋代哥窑青釉葵瓣口盘（一级乙）进行无损分析测试时，发生文物损坏事件。

故宫反应：没有第一时间上报，这个事件的教训是，事先文物保护实施方案不够周密、预判性不足，人员培训针对性不强不细，致使珍贵文物损坏。事后没有在第一时间向上级部门报告，我们对此负有不容推卸的责任。

5. 瞒报门：8月2日晚，网友“龙灿”称故宫近年发生多起珍贵文物被损毁或被遗弃的事件，事发后，故宫都秘而不宣，未将有关情况上报主管部门。

故宫反应：网友爆料大都属实。

6. 屏风门：据故宫内部知情人透露，故宫宫廷部负责保管的清宫旧藏木制屏风在文保科技部进行修复时，被水浸泡。事故发生后，文保科技部负责人在超过一个星期的时间里，对院方隐瞒不报。后因宋代哥窑青釉葵瓣口盘损坏被曝光，才将此事向院方报告。据称，故宫方面对这一文物损坏事件，至今未向上级汇报。

故宫反应：屏风未出现新损伤。2011年6月15日，宫廷部工作人员将紫檀嵌玉花鸟图挂屏一件（未定级）送文保科技部综合工艺科漆器镶嵌室除尘修复。7 月 25 日工作人员发现，自来水管接口处有一小的裂缝致使挂屏上覆盖的棉垫被部分散落的水珠打湿，并渗透到挂屏上。

7. 封口门：财新网刊发题为《10 万元封口费悬案》的记者手记，称 2009 年故宫曾发生一起内部人士自导自演的私分票款案，事情败露后被知情者勒索 10 万元封口费。

故宫反应：封口费实为举报奖。2009 年 7 月中旬，我院纪检监察办公室接到举报信，反映故宫午门工作人员与社会上不法导游勾结，利用工作之便私放旅行团进入故宫参观游览，从中牟取非法利益。我院为了尽快查清问题，应允如证据属实，可对举报人予以奖励 8 万元。

8. 拍卖门：一网帖引用著名文物鉴定家裴光辉的日记指出，故宫博物院曾于 1997 年拍得并收藏了五件一度流失海外的北宋珍贵书札，但该批书札于 2005 年再次“现身”文物拍卖市场，并以超过 1997 年购入价三倍的价格，被拍出易主。

故宫反应：院史记录失误所致。1997 年，北京翰海拍卖有限公司拍卖五通宋人书札。当时经履行论证程序后，我院遂与拍卖公司接洽，最后此项收购未实现。我院 2005 年出版的《故宫博物院八十年》一书和官网有此项收购的记载，这是由于我院没有核对申请经费未批复和未能购买的最终结果所造成的。

9. 古籍门：一名自称“故宫职工”的举报者致信《京华时报》，称故宫图书馆善本书库部分图书丢失，上报副院长陈丽华后，此事被压下不让追查。

故宫反应：古籍失踪尚无定论。由于涉及 1950 年以来延续半个多世纪的历史遗留问题，情况比较复杂，当时决定作为阶段性存疑记录在案，继续清查，至今仍未停止，尚不能做出丢失的结论。但是一旦清查清楚确认丢失和责任人，将依法依规处理。

10. 逃税门：近日，原国家外汇管理局资本司副司长、国家行政学院决策咨询部副主任陈炳才在微博上指称，故宫端门的展览涉嫌敛财和逃税。

故宫反应：属于历史遗留问题。端门区域过去不属于故宫管理，这些商户举办的展览已经存在了多年。目前我们尚在办理收回这些商户所用房屋的过程中，明确在全部完成接收后将改造成售票、咨询、疏导等观众服务区，不再举办展览。

发生事故—隐瞒不报—被人揭露—企图遮掩—舆论泛滥—行政干预—自查自纠—认错道歉—内部处理—继续犯错，并依此循环往复，这是故宫对待每一次事故的态度，因此有网友说：故宫目前最急需“修复”的，并不是一扇扇具体的“门”，而是公众因此严重受损的“心”——对故宫管理者诚心、耐心、决心和信心的重新审视与考量。

有着600余年历史的故宫，不仅是世界上保存最完整、规模最大的古代皇宫建筑群，亦是中国收藏最为丰富的博物馆，不但代表着中国古代建筑的最高水平，更体现了中国古代文化艺术的最高水准。作为著名的世界文化遗产和最大的古代文化艺术博物馆，故宫代表着中国文化的脸面。但就是这样一个“高级”地儿，居然会一次次犯让普通人都感到匪夷所思的“低级”错误。

故宫这个在人们心中地位高贵的文物托管单位一再而、再而三地出事儿，不得不让人一次次地感叹，我们是不是所托非人了？一个原本是文化神圣之处、文化与文明的聚集地，却散发着熏天铜臭；一个最应该呈现中国传统，诸如知书达理文化气质之地，却屡屡表现得极其没有文化；一些本该对文化有最高的敬畏之心、有高尚操守的文化守护者，却在一次次地辱没文化；一个本该是中国文化脸面的地方，却屡屡让这个国家的文化颜面尽失。北京故宫博物院，在2011年集中地给全世界呈现出了一个国家的文化之殇，敲响了文化领域的深层乱象与危机的警钟，让我们不能不深刻反思，一个经济日益强大的国家，该如何自我捍卫本该有着无限自豪的文化尊严，如何真正地扩大文化影响力、充实自身的软实力？

“故宫应该以什么样的态度来对待文物？”什么都不缺的故宫，引发了公众对其文保能力与职业操守的双重怀疑。对于故宫而言，这时候，认真对待问题，用专业的态度、专业的精神、专业的知识，做清晰而权威的解释，是必要的，更是必需的。中国的文化遗产，需要一批批文化人殚精竭虑、恪尽职守、如履薄冰地守护，才能薪火相传。也唯有如此，大家才能把这座历经沧桑并承载中华文明精髓的国有财产，放心地交给所谓的“故宫人”来管理。

教育之悲

——药家鑫案

2010 年 10 月 20 日晚，一名青年驾着一辆雪佛兰克鲁兹轿车去会女友，途经西安大学城学府大道时，撞上下班途中骑着电动车的 26 岁女服务员张妙——一个进城务工的农村女青年，造成张妙后脑磕伤、左腿骨折。见此情形，这名青年先是驾车逃逸，后又返回，手执凶器，连刺已受伤的张妙八刀，导致张妙死亡。杀人之后，这名青年继续逃逸，至郭杜十字路口时再次撞伤行人。当他下车看了一眼，准备再次逃脱时，被路人堵住扯了下来。其间，他将杀人凶器偷偷扔在了附近的草丛。

看到这里，想必读者已经知道，这个青年人就是西安音乐学院大三学生药家鑫，上述事件正是药家鑫行凶的大致事实过程。2011 年 6 月 7 日，经最高人民法院依法核准，药家鑫被执行死刑，备受社会关注的药家鑫案也有了最终的司法结果。药家鑫八刀连捅文弱女青年（这也使他在网上有了一个广为流传的外号：“药八刀”），使一起普通交通事故演变成故意杀人案，他的疯狂举动引发了广大民众的公愤，也引发了人们对此事件的深入思考，人们不断追问，作为一名在校大学生，药家鑫为何如此疯狂、残暴呢？

每个人都在一定的社会环境中生存和发展，社会环境对个人的社会行为有着深刻的影响。而一个人首先生活在家庭环境中，影响最深刻的也往往是家庭环境，所谓“养不教，父之过”是也。药家鑫的父母给了他雪佛兰克鲁兹轿车，却没能够用正确的方式教育好自己的孩子，让他明白什么是法律，什么是理智，什么是生命意识，而是让他有了“怕撞到农村的人，特别难缠”这种极其冷漠和愚蠢的思想。药家鑫的父母对药家鑫的教育是不当的，也是失败的，因此我们有理由为他的父母感到悲哀。

其实大学生违法犯罪并非个案，以残忍手段杀人行凶的也不是个案：2003 年发生的浙江大学学生周一超刺杀公务员事件，2004 年发生的云南大学学生马加爵杀害同学事件，2010 年发生的河北传媒学院学生李启铭醉驾撞死女大学生事件，都曾轰动一时。这一系列触目惊心的大学生违法犯罪事件让我们看到，在我们的大学校园里，不同程度地存在着有类似问题或心理障碍的学生，暴露出当前我们学校教育中存在的德育和心理教育缺失的问题。《法制日报》记者曾问药家鑫：“你们学校有德育课吗?”药家鑫回答：“有，但我考虑更多的是专业上的事和以后生活的事。”药家鑫和其他大学生杀人行凶的犯罪行为，充分证明了学校德育的失效。如果学校的教育只能教会学生所谓的知识技能而无德育，或者只有德育理论而无德育实践，那岂不是我们学校教育的悲哀?

药家鑫之所以对张妙动杀机，最直接的原因是发生了车撞人的事故，一般来说，凡是接受过系统驾驶培训的司机，都应该知道，发生事故，第一件事是下车救人，承担自己应该承担的责任（别忘了还有相关保险的支持）。而药家鑫选择的是杀人，这就使一起普通的交通肇事案变成了故意杀人案，从这个角度来说，药家鑫是一个愚蠢到极点的司机。而在当今我们社会，这种司机还不少，比如不少司机开上了车，就觉得有一种优越感，把那些什么文明行车、安全行车的意识全还给了驾校，在马路上横冲直撞；还有不少司机在撞人后认为“撞伤不如撞死”，竟然倒车反复碾压伤者，最后不得不承担严重的刑事责任。这一切都说明，虽然中国已经进入了汽车社会，连大学生都开起了车，但可忧的是相关的汽车法律、汽车文明远远没有完善或建立起来，不少汽车实质上就是游走在马路上的“杀手”，因此，药家鑫案也是我们这个快速发展的社会的悲哀。

药家鑫的疯狂犯罪举动，更是药家鑫自己的悲哀。他的杀人动机竟然是“农村人难缠”，撞了人之后想到的居然不是救人，而是杀人。他用一双弹钢琴的手，连捅八刀将伤者杀死。对一个当时已成年、有行为能力的责任人来说，他实施的冷血残忍的犯罪行为，必须由他自己负最根本的责任。受过十几年教育的药家鑫，没有学会应有的理性，守住起码的人伦底线，致使自己犯下不可饶恕的罪行，走上一条不归路。

往者不可谏，来者犹可追。通过药家鑫一案，我们的家庭、学校和社会都需要深刻反思，我们每个人也需要深刻反思，想想还有多少个“药家鑫”会出现，想想自己会不会成为下一个。

都是获奖惹的祸
——屠呦呦获奖了

中国有句古话，“祸兮福之所倚，福兮祸之所伏”，表示祸福的变化无常，表达对无法预料的世事发展的感受，用这句话来解读屠呦呦获奖事件很有几分道理。

屠呦呦何许人？她是中国中医科学院研究员；她获得了什么奖？美国拉斯克奖基金会将2011年度临床医学研究奖授予81岁的屠呦呦，以表彰她及她的团队在青蒿素研究方面作出的杰出贡献，这是迄今为止中国生物医学界获得的世界级最高奖项。

仅仅从“世界级”、“中国生物医学界目前所获最高奖项”这些字眼中，或许只有相关领域的专业人士才能体会到获得此奖项的重大意义。这里有必要介绍一下此奖项的设立和在世界医学领域的地位，这样大家就能大抵了解到，为何一则专业领域的新闻消息，会演变成一场由获奖而生的“祸事”。

拉斯克奖由有“现代广告之父”之称的美国广告经理人阿尔伯特·拉斯克和夫人玛丽·拉斯克于1946年创立，以表彰那些在医学研究领域作出突出贡献的在世科学家、医学研究者和公共服务人员或机构。拉斯克奖素有“美国诺贝尔奖”之称，自创立以来，共有300多位科学家获奖，其中80位最后获诺贝尔奖，所以该奖项也被看作诺贝尔奖的“风向标”。而屠呦呦作为唯一获此殊荣的中国科学家，因此被称为我国“离诺贝尔奖最近的女人”。

为何一位在中国名不见经传的科学家，竟能获得如此高的国际奖项？这要归功于作为中医研究院首席研究员的屠呦呦，带领团队研制出的新型抗疟药——青蒿素和双氢青蒿素。

美国主流媒体纷纷对屠呦呦的研究成果予以高度评价，权威期刊《细胞》发表评论云：“由屠呦呦和她的同事们一起研发的抗疟药物青蒿素……从20世纪90年代末以来，青蒿素作为治疗疟疾的一线药物挽救了无数的生命，其中大部分是生活在全球最贫困地区的儿童。”斯坦福大学教授、拉斯克奖评审委员露西·夏皮罗在为屠呦呦致颁奖辞时说：“屠呦呦的这一发现，缓解了亿万人的疼痛和苦恼，在100多个国家拯救了无数人的生命，尤其是儿童的生命。”

原本这件事值得高兴和自豪，但意想不到的是，这一迟到的国际认可却在国内引发了不少争议：“不能把团队的成果归于一个人”；“把奖颁给她一个人，对项目的其他参与者不公平”……类似的言论不绝于耳。虽然屠呦呦在获奖感言中一再表示“荣誉不是我个人的，还有我的团队”，但是争议却并未因此消失。

除了荣誉归属之争外，网络中流传着另一种质疑的声音也值得注意。有网友指出，屠呦呦的成果获得了世界科学界承认，但在中国科学界并未获得最大肯定，有人戏称她的获奖是一次学术“意外”，因为她不是中国科技界认可的顶尖人物，被称为“三无”科学家：无博士学历，无院士头衔，无留洋背景。在她获奖之前，这位老人在中国基本无人知晓。

这样的质疑和争议，不得不让我们重新审视我国的学术生态。我国现行的学术评价机制是重数量，轻质量，重级别，轻实际效果。这样的机制带来了一连串的消极反应：2007—2012年，我国论文发表数量连续六年位居世界第一，但平均引用率的排名却在世界一百名之外①。由此可以看出，“垃圾论文”满天飞，而真正有应用价值的论文少得可怜。

卫生部部长陈竺认为，真正有价值的医学科研，不应简单看论文数，而应实实在在能解决群众的重大健康问题。屠呦呦及其领导的中医研究小组几十年如一日，默默钻研，他们从系统整理历代医籍入手，查阅大量地方药志，四处走访老中医，做了2000多张资料卡片，对青蒿素的试验就经历了190多次……功夫不负有心人，她最后终于淘到了精华。可以说，屠呦呦及其团队的成功来源于几十年的潜心实验和研究，她是成功提取青蒿素的第一人，这个荣誉她当之无愧。

为何同一种研究成果，在国外和国内享受了两种截然不同的待遇呢？这里暴露出的一些问题，或许值得目前我国的科研考核、科研队伍的发展等工作者深入地思考。

---

① 雷宇：《中国论文数量居世界第一　引用率排在100名开外》，《中国青年报》，2011-02-10.

基金与捞金
——河南宋基会事件

2011年11月，一尊位于河南省郑州市九如东路与龙湖外环南路交叉路口、约六层楼高的女性石雕像，引起了全国网友的关注。这尊女性雕像穿旗袍，戴披肩，挽发髻，面含微笑，庄重、慈祥，酷似“国母”宋庆龄夫人。本来，以宋庆龄同志在中国近现代历史上的贡献和她的人格魅力，为她树一尊雕像，是情理之中的事。但为什么要建如此高大壮观的雕像？所需资金从何而来？网上一时议论纷纷。

得知雕像是由河南省宋庆龄基金会（以下简称宋基会）出资建造这一信息后，记者采访了宋基会的工作人员。令人意想不到的是，工作人员竟一口否认雕像是宋庆龄，而说是“黄河女儿”。但雕像的原设计师广州美术学院雕塑系副主任蒋剑韬在接受记者采访时却言之凿凿地说：那就是宋庆龄雕像！

原作者说是宋庆龄，宋基会却说是黄河女儿，难道投资修雕像之前，出资方和设计者未能达成一致？还是有人在说谎？如果是原作者，那他意欲何为？如果是宋基会，那它为何对雕像的身份遮遮掩掩？

答案最终聚焦在宋基会这个公益慈善机构身上。投资修建却又不敢承认是自己修建的，这本身就疑点重重，而且雕像占地面积巨大，镌刻豪华浮夸，必然花费不少。一个慈善机构为何修建此雕像呢？修建雕像的资金又从何而来呢？一连串的疑问不禁让人浮想联翩。雕像是谁不是重点，公众关心的是公益慈善组织的信息是不是公开、透明，更关心宋基会如此大手笔，是不是花了善款。

对此，河南宋基会讳莫如深。根据全国基金会中心网数据库的排名，到2010年年末时，河南宋基会资产已近30亿元，在全国2000多家基金会中名列第一。媒体陆续曝出了河南宋基会运作过程中的种种谜团。河南宋基会旗下有各类庞杂的下属公司，错综缠绕的"宋基系"公司大多集中于两个领域——地产与教育，这正是利润最高、同时权力最能发挥作用之地。宋基会的大量资金实行体外循环，大量资金流入了各种"宋基系"公司，在房地产、钢铁、计算机网络等诸多领域进行投资业务，包括向房地产企业高息放贷等，而且巨额资金在一系列相关公司间大量以应收、应付账款方式周转，流向成谜。据调查显示，河南宋基会涉及数亿元的"公益医保"项目是河南宋基会的重要资金来源，而这个项目曾被河南官方定性为非法集资，是一种变相高息揽储，属于违规经营。

面对媒体的报道，在网络和现实的舆论压力之下，河南宋基会相关负责人只得出面回应道：基金会在十年前即成立专门的投资公司，以"投资换取捐赠"，进一步扩大本金规模。也就是说，近十年来"四处捞金"，几乎成了河南宋基会的工作主线。

公益变成利益，基金变成捞金。一个原本以慈善事业为宗旨的民间机构，竟然沦为以赚钱为主业的组织，其本末倒置的做法，也背离了宋庆龄基金会成立的初衷。

面对社会的质疑，河南宋基会此后一直保持沉默，不再做任何回应。在这样的沉默中，公众对慈善事业的信心正被一点点销蚀。

公益组织，是构建社会良心的组织。而如今却打着公益旗号做着利益集团的事，耗损的是这个社会最后的良心和温情。试想失去了诚信的环境，怎么还能让捐资者有捐资的信心和安全感？失去了信心和安全感的社会，又如何能保持持续发展的活力和动力？河南宋基会事件，不仅表达了广大群众要向公益组织讨个说法的意愿，更体现了社会对加强公益慈善事业的监管力度的呼号。

愿天堂里没有冷漠
——小悦悦事件

小悦悦走了，带着这个世界留给她的满身伤痛，走了。

2011 年 10 月 13 日，一个名叫悦悦的两岁小女孩（本名王悦）在佛山南海黄岐广佛五金城马路上玩耍时，相继遭两车碾压，7 分钟内，18 名经过那里的路人都视而不见，漠然离去，直到拾荒阿姨陈贤妹上前施以援手，把小悦悦抱到路边并找到她的妈妈，小悦悦才开始得到救护。但不幸的是，2011 年 10 月 21 日，虽经医院全力抢救，小悦悦最终还是于零时 32 分离开了人世。

一名两岁孩子遭遇车祸，本就让人心生疼惜、爱怜，而 18 名路人表现出的无情与冷漠，更是刺痛了国人那久已麻木的道德神经！数千万网民就此展开热议，就连包括朝日电视台在内的众多日本知名媒体和美国 CHANNEL1 电视台等海外媒体，也对此事做了专题报道，以相当大的篇幅抨击了部分中国人见死不救的行为。

面对这起血淋淋的惨剧，人们不禁要问，我们怎么了？我们的良心呢？我们的道德底线呢？

两千多年前，先贤孟子说过："无恻隐之心，非人也；无羞恶之心，非人也；无辞让之心，非人也；无是非之心，非人也。"可见人之为人，就在于任何一个人除了自己的存在之外，还应有是非感、羞恶感，还有起码的对其他生命，尤其是对同类的同情心，几千年的文明史中，我们就是在这种道德与良知建构的人伦关系基础上，体认到人类的尊严与温暖。然而，近几年中国经济迅猛发展，政府在追求GDP、百姓在追求富裕的同时，我们的道德水准却在不断滑坡，人们之间除了各种利益关系之外，还有多少温情和关怀可以晾晒？人们中间还有多少人身上充盈着路见不平一声吼的胆气和豪气？这有经济至上社会中带来的“自我”观念，也有社会制度和司法保障不力造就的弊端。这话不无一定的道理。

好在“小悦悦事件”中，还有一个拾荒的阿婆，让我们感到一息尚存的温暖和感动！有人感叹，一个国家的良心竟让一个拾荒的阿婆捡了起来。一个民族的道德竟被一个社会底层的弱者抱到了安全地界。然而，一个阿婆能捡起失落的国家之心吗？能扛起已破损的民族道德之旗吗？

良心和道德从来就是公共产品，每个人都受惠其中，也都受害其中，而重拾良心，重建道德，当然也首先是要从我们每个人的自省开始，反思自我，进而提高自我，完善自我。试想一想，如果我是“小悦悦事件”的肇事者，我是停车施救，还是逃之夭夭？如果我是“小悦悦事件”的路过者，我是那十八分之一，还是第十九人？我会有遇难不退的勇气和担当吗？我会有险急伸手的正义和热情吗？学者崔卫平说，你所站立的那个地方，正是你的中国。你怎么样，中国便怎么样。你是什么，中国便是什么。你有光明，中国便不黑暗。是的，在这个功利至上、自我中心的时代，如果我们少一点“小我”，多一些“大我”，中国便会少一些麻木多一些温情。正如王石川针对“小悦悦事件”在“中国台湾网”上的时评所言：“你有良知，中国便不会沉沦，你有尊严，中国便不会糟糕；你找准了正确的方向，中国便不会后退……”

良心和道德毕竟还是个人的自发行为，它也需要制度和司法的刚性维护。诸如，对见死不救者如何处罚，对诬陷者如何惩罚等，就需要制度的约束和司法的干预，以营造善恶分明、扬惩得宜的社会氛围。

正如原广东省委书记汪洋在广东省委常委会呼吁的那样：“我们每一个人都要用良知的尖刀来深刻剖析自身存在的丑陋，忍住刮骨疗伤的疼痛来唤起社会的警醒与行动，在公众参与下制造扬善惩恶的制度条件和社会环境，努力提升全社会道德水平和每一个人的道德良知，以避免类似事件的再次发生。”

是的，是该我们自我救赎的时候了，是该我们清醒自省的时候了！倘使我们继续麻木，继续冷漠，继续在追求金钱、权力、美色的狭道上漫无目的地狂奔，而最终丢掉了自身的财富——良知和道德，那发生在小悦悦身上的悲剧，还将会在我们身上上演，甚至加倍地上演。

希望这个世界慢一些
——温州动车事故的警示

温州，一个山清水秀、文化灿烂的地方，典型的江南风情的代表。从地名中的“温”字，你马上可以联想到温和、温暖、温文尔雅等词语，这也的确是温州给人的印象。雁荡山、楠溪江、百丈漈是她秀丽山水的写照，中国山水诗的发祥地、中国南戏的故乡之美誉是她的文化名片。你可以用很多美丽的词语来诉说你对温州的感觉，但你绝对不会将她与一场惨烈的交通事故联系在一起。然而这的确是事实，时至今日，事故的浓烟已经散尽，但惨烈的画面、撕心裂肺的哭声还深深定格在人们脑海里，让人唏嘘不已。

2011 年 7 月 23 日 19 时 30 分左右，温州的天空大雨滂沱，电闪雷鸣。气象台记录，每小时降雨量 90 多毫米。20 时 05 分，乘坐杭州开往福州 D3115 次车的网友“希希宋”正坐在车厢里。列车行至永嘉站时，车突然停了。“希希宋”发出一条微博：“动车到了永嘉站竟然停止不前了，列车员说因天气打雷原因，暂停一下，以保安全”。谁也没想到，30 多分钟后，一场惨烈的灾难即将来临。

20 时 30 分左右，列车行驶至温州市双屿路段时与北京开往福州的 D301 次列车追尾，导致 D301 次 1、2、3 列车厢侧翻，从高架桥上坠落，毁坏严重，4 车厢悬挂桥上，D3115 次 15、16 车厢损毁严重。

事故共造成40人死亡，200多人受伤。40名遇难者身份确认，其中有3名外籍人士。D301次列车司机当场死亡，胸口被车闸刺穿，可以推断司机通过肉眼看到前面的列车时，做过刹车处理，但是已经来不及了。

2011年7月24日14时许，国务院副总理张德江主持召开现场会，指示成立事故救援和善后处置工作指挥部，由浙江省省长吕祖善任总指挥，铁道部部长盛光祖任副总指挥。会上宣布成立国务院"7·23"甬温线特别重大铁路交通事故调查组，由安全监管总局局长骆琳任组长。四天后，温家宝总理也来到温州，查看了"7·23"甬温线特别重大铁路交通事故现场，悼念遇难者，并看望受伤人员，对伤亡人员家属表示深切慰问。

总理的慰问更激发了普通民众对逝去同胞的哀痛之情，他们纷纷自发悼念逝者。2011年7月29日，按照"头七"的传统丧葬习俗，动车事故遇难者家属和亲友等来到事故现场举行悼念活动。祭奠者冒雨在事故现场点上蜡烛，摆上鲜花，举行了悼念活动。一些人在列车追尾的桥梁上写诗悼念，其中一首这样写道："短松岗前动车坠，长桥地下命残摧，百亩绿荷且憔悴，桥上动车又在飞。"自发的悼念活动凸显了这个时代人们对生命的尊重。

经调查认定，导致事故发生的原因是：通号集团所属通号设计院在LKD2-T1型列控中心设备研发中管理混乱，通号集团作为甬温线通信信号集成总承包商履行职责不力，致使为甬温线温州南站提供的LKD2-T1型列控中心设备存在严重设计缺陷和重大安全隐患。

值得一提的是，整个事件最后的焦点集中到两个人身上，一个是年仅两岁半的幸存者小女孩伊伊，一个是56岁的铁道部发言人王勇平。两个看似毫不相干的人怎么会成为整个事件的焦点呢？这还得从事故抢救的一个细节说起。动车事故发生的数小时后，生命探测仪显示"没有生命迹象"，于是有关方面宣布清理现场，掩埋车体。然而温州的几位特警和消防战士心有不甘，继续在现场搜救。终于，他们等来了奇迹。2011 年 7 月 24 日下午 5 点，在被撞断的车厢里，救援人员在一堆废墟中，突然发现有一只小手在动。还有人！救援人员马上开始清理小手周边的杂物。终于，幸存者被挖了出来，这就是小女孩伊伊。这是在宣布没有生命迹象之后救援人员又挽救的一个鲜活生命。在 50 多米开外的地方，一辆军用救护车已经打开后门，前面通道也已清空，就等孩子一到即可发车。数百人站在通道两旁，目送这位坚强的女孩离开。就在孩子被推上救护车的一刹那，现场所有人都为这生命的奇迹惊讶和感动。

2011 年 7 月 24 日晚 10 点，当动车追尾事故发生 26 小时后，官方新闻发布会终于在温州举行。当时任铁道部发言人的王勇平被问到“为何救援宣告结束后仍发现一名生还儿童”时，他称：“这只能说是生命的奇迹。”之后，被问到为何要掩埋车头时，王勇平又转述了有关方面对他所做的原因分析，无非是环境复杂、情况特殊之类人们经常听到的解释，并抛出一句“至于你信不信，我反正信了”，雷翻所有人！细心的人们发现，王勇平在讲这段话的时候，面带笑容，用力一甩脑袋，很有范。于是有网友将他这一“精彩瞬间”制作成 GIF 动画，在微博上发布。王勇平这句话，以及新闻发布会上面带笑容的表情，让广大网友极为不满。在微博上，大家都用“至于你信不信，我反正信了”来表达对事故发生以及善后的质疑。随着“至于你信不信，我反正信了”不断被人引用，有人竟将该句式称为“高铁体”，一时间成为网络流行语。

奇迹与诚信之间本无丝毫联系，但因为小伊伊与王勇平，我们很清楚地洞察到了此次动车事故的真正原因。人祸大于天灾，大自然的风雨是无情的，但比自然灾害更无情更恐怖的是诚信、责任的缺失和对生命的漠视，说到底是精神的荒芜。随着科技的不断进步，我们的高铁技术近十年来发展迅猛，速度也逐年大幅度提升，从最初的时速

100 公里，到现在的时速 400 公里，但我们的精神提升却没有跟上这个速度。

突然想起德国一著名学府的校长在开学典礼上面向全校学生说的一番话：“学自然科学的学生们，我为你们而自豪，因为你们是这个时代的列车。学人文科学的学生们，抬起你们的头来，放出你们的眼光，我为你们而衷心骄傲，因为你们是这个时代列车的司机。”失去精神的社会，就会像一匹脱缰的野马，一列无人驾驶的高速列车，随时都有坠亡与毁灭的危险。所以，在人文精神缺失的当下，为了让生命多一分安全和稳定，请我们科技的步伐慢一点，等一等精神的追赶。

不想入奢的奢侈品
——茅台入奢门

2011年11月，媒体曝出贵州茅台“欲申报奢侈品资格”的消息。消息一出，坊间议论纷纷，虽然贵州茅台自始至终没有正面回应此事，但11月29日，记者从世界奢侈品协会证实，“大概在一个月前，贵州茅台曾给协会打电话咨询进入全球100强奢侈品榜单事宜，随后双方还就一些资料进行了邮件往来。”

接下来，胡润发布“2012胡润全球十大最值钱的奢侈品牌”。在《报告》中，法国品牌路易斯威登以205亿美元的品牌价值稳居榜首，而中国茅台以120亿美元的品牌价值屈居130亿美元的宝马之后，品牌价值高于奔驰、香奈儿、轩尼诗、人头马等世界著名品牌。

茅台入奢了，成为全球第四大最值钱的奢侈品。虽然此后茅台奇怪地“暂停申报奢侈品资格”，但由此引发的议论已经甚嚣尘上。

奢侈品是一种超出人们生存与发展需要范围的，具有独特、稀缺、珍奇等特点的消费品。近些年茅台在中国内地的价格节节攀升，普通老百姓根本消费不起，“买茅台的不喝，喝茅台的不买”，这已经成为茅台在国内的典型奢侈特点。茅台名誉董事长季克良“要让老百姓喝得起茅台酒”的“主张”，早已成了一句梦话。

对于茅台暂停申报的原因，有人说是因为巨大的“舆论压力”，也有人说是跟国务院法制办2011年11月21日出台的《机关事务管理条例（征求意见稿）》有关。征求意见稿规定，政府各部门不得采购奢侈品、购建豪华办公用房或者超范围、超标准采购服务。一旦茅台成为奢侈品，无疑是硬生生将“政府部门”人为画出圈外，消费人数必然大为降低，而茅台作为高端白酒在中国的主要消费来自政务商务。因此，在现成的金砖和虚无缥缈的国际市场之间，茅台选择了前者。

对于茅台入奢，网友们提出了不同的意见，有人认为茅台入奢有助于降低三公消费，有助于反腐，同时开中国奢侈品之先例，赚外国人的真金白银，提高茅台在国际上的声誉。也有人认为茅台一入奢，身价必然大增，公款消费难杜绝，纳税人又得增加负担。2012年1月9日深圳市委书记王荣在市政协五届三次会议上直言：“茅台那么贵，如果不是公款消费绝对不会到那个价格。”

是谁把茅台酒的价格推到如此高度？谁是其最大的消费群体呢？从消费群体来看，喝茅台的人要么是腰缠万贯的富翁，要么是酒桌上的权力人士，普通人消费茅台凤毛麟角。在这种情况下，公众对茅台的情结，掺杂着对贫富差距的不满、对公款贪腐的憎恨、对假货的咬牙切齿以及对飞涨酒价的有苦难言。

茅台成为全球第四大最值钱的奢侈品牌，品牌价值超过奔驰和香奈儿，实在可喜可贺，与国际品牌相比，茅台文化一样令人炫目：1935年，长征途中的毛泽东及其红军部队用茅台酒来清洗伤口并放松紧张的神经。1949年，中共在建政后宣布茅台是“国宴用酒”。1972年，正在北京访问的美国总统尼克松因为在国宴上喝了太多茅台而变得目光呆滞，对于其助手要他避免和别人对饮茅台的请求置之不理。当邓小平两年后访问美国时，基辛格对他说，我认为如果我们喝足够多的茅台，我们就能解决任何问题。

茅台正是背着这样的光环而身价倍增，但它的品牌意义超越了商业本身，当其价值严重偏离市场规律时，就该令人警醒与思索了——2012年底，中央军委发布禁酒令，要求在接待工作中不安排豪华宴请、不喝酒、不铺设迎宾地毯等。当日茅台股价应声下跌，一天市值蒸发掉125亿元！

谁看不出这其中的玄妙呢?!

扎眼的混搭
——公务员偷衣门

2012年3月7日下午，安徽某县的四名女公务员因偷拿飞机上的救生衣，涉嫌违反了中国民用航空法的规定，被厦门机场警方给予十天行政拘留的处罚。

警方说：机上的救生衣属于应急设备，是用来预防飞机紧急备降水面时提供给乘客保命用的，你拿走一件救生衣，就有可能夺走一条人命。

当事人则说："我们在飞机上看到这些救生衣，觉得回家游泳时可以用得着就拿了。拿这个会犯法？我们真的不知道。"

好一个"真的不知道"！当事人的这番辩白倒是让人知道了许多以前不知道的东西。

首先，按照当事人的逻辑，在她们的潜意识里，"拿"救生衣是不犯法的，倘使如此，那旁人就会弱弱地问一声，到底"拿"什么才算犯法呢？连小学生都知道，不要随便拿别人的物品，相信作为成人的公务员对公私之辨、人己之物应该有着更清晰的认识，不是自己的，何"拿"之有？拿了，从情的层面来说，这样的人道德上有问题，从理的层面来说，这样的人法律意识淡薄。

其次，公务员群体，大众对于他们的言行举止有着比常人更严格的要求。从这四位女公务员的行为来看，大众完全有理由推想，她们在外可以偷窃机上的救生设备，用作游泳之用，那她们在单位是否也会顺些公家的物品作家庭之用呢？我们甚至还可以作一个大胆预言，这些不修私德的人，一旦掌权之后，难保就不入贪官之流；让这样的人来管理社会，大众也未免会产生忧心。

再次，在逢进必考的今天，相信这几个公务员也是经过“公考”才有今天这个职位的。但从此事及与此相似的暴露公务员素质的事件来看，我们也要反思“公考”的缺陷：它可以考查一个人的知识能力，却难以反映一个人的道德品行，这是不是今后“公考”中所要补罅的呢？否则，把公务员和“偷窃”事混在一起搭配的扎眼事，今后还会发生，而且还会发生比这更大更多的“偷窃”事。

当然，有的人认为，此事也显现出航空公司和机场方面管理上的问题：他们没有尽到提醒的义务，致使他人误入“偷窃”之途。此话不能说没有一些道理，但我们是不是也可以这样来看呢：为什么同机的其他人没有“偷窃”之举，而事情偏偏发生在这几个人身上呢？况且有提醒就可天下太平吗？谁不知杀人偿命？可什么时候又少了凶杀仇杀情杀的各种亡命之徒呢?!

看来，自修私德和制度、提醒一样重要。

感动中国

这世界从来就不冷寂单调，在许多人把个人主义、利己原则奉为圭臬的时候，也总有一些人把利他惠人的旗帜高高擎起，让善行壮举温暖他人，比如信义兄弟的生死接续、入水救人的大义链接、蹈火抢险的凛然军姿，他们诠释的是人类诚信、侠义与担当的优秀品质！也总还有一些人温润如水、情坚似金，让无言大爱感怀众生，比如爱情天梯的忠贞与执着、暴走妈妈的坚韧与毅力，他们谱写的是人类爱情与亲情的伟大与崇高！虽然他们不过是这大千世界中的微小一员，闪出的也不过只是熹如豆光般的点点星辉，但正是这微微星光织就的星河，才让我们找到了前行的路标和方向。

混沌世界中的一段爱情神话

——爱情天梯

那一年，他6岁，她16岁；他叫刘国江，她叫徐朝清。

他和一群孩童在村里嬉戏玩耍，远处鞭炮声响，一顶大红花轿被迎回村里，她就是花轿里的新娘。几天前，他磕断了门牙。山村有个习俗，掉了门牙的孩子只要让新娘子摸一摸嘴巴，新牙就会很快长出来。于是他的伯娘将他抱到轿子跟前，她将纤细的手指放到他的嘴里，他紧张地咬住了她的手指，她将轿帘轻轻一掀，娇羞地一笑，倾国倾城，从此，他记住了他的徐姑姑，念念不忘。

10年过去了。

刘国江成了一个年轻小伙，他总是不忘10年前他心里的那位新娘子，他不敢正眼看她，只敢用余光去关切她。徐朝清已是4个孩子的娘，她的丈夫因为急性脑膜炎去世，她成了寡妇，带着4个孩子艰难度日。刘国江看在眼里，疼在心里，想去帮助，又怕遭来闲言碎语，寡妇门前是非多啊。直到有一天，她和孩子掉进河里，他跳进河里救起了她们母子，才第一次正眼看她，之后就常常主动帮她挑水、砍柴、照顾孩子们，承受着外界的各种压力和闲言碎语。

就这样又过了4年。

他们之间产生了异样的情愫。20岁的刘国江，重庆农家青年；30

岁的徐朝清，同村的俏寡妇。他们相恋了，为了逃离世俗的眼光，他们带着 4 个孩子携手私奔到重庆市江津南面的一个半坡头，隐居在此深山老林。没有亲人的祝福，没有一纸婚约，只有这天地为证，他只想默默地照顾她，对她好。或许什么是爱，他都不能准确地告诉她。但是自从上山的那年起，每到农闲时，他就会拿着榔头，在下山的悬崖绝壁上凿石阶——为了让妻子徐朝清出行方便安全。

50 年过去了。

榔头凿坏了 20 多把，手上的茧起了厚厚一层，他一手一手凿出的台阶在这里默默地躺着，或许女主人很少光临，但是从山顶铺下的路从来就没有停止延伸过，历经半个世纪的风雨，这 6000 级的台阶见证了他们一路走过的艰辛历程，爱情的天梯刻在大山的身上，印在他们的心里，照亮了回家的路。

只是岁月的风霜已将他们雕琢成了另一种样子：

当年的年轻小伙，如今已是鹤发老翁。

当年的貌美媳妇，如今已是满脸皱纹的老婆子。

他们生活简朴，仿佛生活在刀耕火种的原始社会：点的是他亲手做的煤油灯，住的是简陋的泥房，以前没有泥房子时住的是山洞。在自己开垦的田地上耕种，自给自足。但他们内心欢喜，无所欲望，在一起，就是最大的快乐。

他们感人的故事经新闻媒体曝光后，有一些职业拍客将爱情天梯的照片传到了网上，那蜿蜒曲折的石梯震撼了诸多网友，网友纷纷留言祝福，除了感动还是感动。不少游客专程来到重庆，攀爬“爱情天梯”，探望这对老妻少夫。当地政府更是开始打造爱情天梯旅游景点。2007 年，这对夫妇被评为 2006 年度感动重庆十大人物，他们的爱情也被评为中国当代十大经典爱情故事，还有人拟将其拍成电影。

有一家电视台想邀请他们作为七夕晚会的嘉宾，他担心妻子来回折腾受不了，独自下山参加晚会。当主持人介绍完爱情天梯的故事后，请他上台讲话，当主持人问你现在想跟观众朋友们说什么的时候，他脱口而出的是：“我想回家”，顿时全场数千观众都愣住了，然后又说了一句：“我怕猴子来偷我的苞谷。”事后刘国江说，其实他回家的真实原因是担心老婆子，而不是猴子，只不过当时不好意思说。

2007年12月12日，刘国江不幸病逝，徐朝清悲痛不已，那个说要照顾她一辈子的人就这样走了，带走了她的全部生活。他说话不算话，先她而去，以后谁来陪她一起唱《十七望郎》？徐朝清哽咽着，轻声唱起那首他们一起唱过的山歌。

初一早起噻去望郎
我郎抱病睡牙床
衣兜兜米去望郎
左手牵郎郎不应
右手牵郎郎不尝
我又问郎想哪样吃
郎允许：千般甘旨都不想
只想握手到天黑
初二说噻去望郎
……

刘国江走了，但“爱情天梯”还在，真爱还在，真爱无沟渠，它能跨越人世间最冷酷的世俗荒漠，播撒暖的讯息，收获春的花香。

遗憾的是，2012年10月30日21时58分，徐朝清老人带着对老伴的无尽思念离世，去天国与朝思暮想着她的知心爱人相会，将亲手凿开的6000多级见证他们爱情的石梯留给了世人。红尘滚滚，世事茫茫。看看这两个用一生去诠释爱情的老人，再看看我们身边那些被物化褪色的男男女女，相信我们每个人的心湖都会泛起涟漪，这就是无敌真爱！心路弯弯，情途漫漫，希望这座爱情天梯能通向我们每个人的心里，能在混沌的世界里唤起人们最质朴的爱，最纯真的情。

人类坚强的“精神符号”
——猪坚强

一头猪，感动了一个国家；一头猪，衍生出了人类对生命的坚持与渴望。这并非因为猪真的伟大，而是因为在灾难背后，生命更需要温暖和感动。于是“猪坚强”成为了一种精神符号，成为了“多难兴邦”的中华民族百折不挠的象征。

“猪坚强”的称号要回溯到那场让举国上下动容的汶川大地震中。在这场全世界为之震惊的强大灾难中，一头猪在废墟下存活了36天。这头被拯救出来的猪的新闻被中央电视台、凤凰卫视等诸多媒体报道之后，“猪坚强”的故事沸腾了网络，有网友打算给自己的宝宝取名“朱坚强”，有网友为“猪坚强”写诗，还有人为它谱写了网络歌曲，一时间这头猪毫不犹豫地火了起来。

世上本没有无缘无故的爱。地震期间和其后的几个月，各界之所以力挺“猪坚强”，感叹其生命之顽强，就在于激励那些在地震中失去至爱和亲人的人们要珍爱生命，坚强地活下去，也借此促进震区人们增强对生活的勇气和信心。这只坚强的猪是一个符号和象征，在灰色的抗震救灾时期，确实起到了提振国人精神的效应。

但时过境迁，物极必反，两年之后，有些人依然捧着这个符号和象征，这就把“猪坚强”变成了一场闹剧。两年来，有关部门对“猪坚强”呵护有加。一家博物馆买下它，为它修建了一所50多平方米的生态猪舍，还指定兽医专家为它定制专门食谱，定期体检、洗澡，安排专人侍奉它吃喝拉撒；保险公司还为它购买了意外伤害保险，希望集团为它提供了终身免费医疗服务。它每天在博物馆“上班”，朝九晚五，与参观者合影留念，别无他事，体重已达400斤，每天须按摩三次以减肥。博物馆馆长打算将它一直养到自然死亡，并申报吉尼斯世界纪录。

但“猪坚强”再坚强也不过是一头猪而已。地震之中、地震之后值得颂扬的英雄事迹何止千千万？值得关怀和抚慰的人又何止千千万？因媒体而走红的“猪坚强”得到了尽善尽美的关怀和照料，而众多没有机会在媒体镜头前出现的人和事，是否更应该被关心、被照料呢？新华网朱海涛评论说：“即使把‘猪坚强’当作5·12大地震中出现的一个精神符号，也应该适可而止。与其花费这么多真金白银让一头猪养尊处优，不如去关注更多需要帮助的人们。”

是的，抛开媒体追求的新闻卖点、摒弃在人性光辉点上变成一片污渍的噱头，在虚华的浮光掠影里找到踏实的切入口，才是我们应该正视的正事。

拉起的是人的精神
——人链事件

每个人的生命都是独特且珍贵的，本不存在什么等价或交换，如果某个人或某些人用自己的生命换取了别人的生存，你除了感动还能说些什么！2009 年前发生在湖北荆州的人链事件就是这么一个令人感动的故事。

2009 年 10 月 24 日，下午 2 时许，两名在荆州宝塔河江滩玩耍的小男孩，不慎滑入江中。正在附近游玩的长江大学十余名男女大学生发现险情后，迅速冲了过去。因大多数同学不会游泳，大家决定手拉着手组成人链，伸向江中救人。很快，一名落水男孩被成功救上岸，另一名男孩则顺着人链往岸边靠近。就在这时，意想不到的一幕发生了：人链中的一名大学生因体力不支而松手，水中顿时乱成一团，呼喊声一片。这时，正在宝塔河 100 米以外的冬泳队队员闻声赶来施救，冬泳队员杨师傅、韩师傅、鲁师傅等人陆续从水中救起 6 名大学生，而陈及时、何东旭、方招等 3 名大学生却消失在湍急的江水中。

这起事件的发生过程很简单，十多名大学生为救两名儿童，手拉手搭成人链，结果两个孩子起来了，三个大学生却不幸牺牲了。然而事件发生后社会的反响却是复杂的，除大多数人赞扬之外，也有不少人认为，为救两名落水少年而牺牲三名大学生到底值不值？十多年的寒窗苦读，终于熬到考上大学，只等毕业工作，回报父母恩情、国家的培养，却在这如花的年龄如流星般陨落，让人心痛。这真的值吗？

网络上也因此事件引起了激烈争辩，有人说：三个大学生的生命换回两个，不值。还有人说：你们救人时，有想到后果吗？如今的社会值得你们这么做吗？半年后还有人记得你们吗？最痛心的是你们的父母，他们从此要孤独终老了。

在今天这个思想多元且日渐实际的时代，人们基于现实状况考虑人链事件，本无可厚非，但生命至上，每个来到世上的生命都是独一无二的、珍贵的，不会因为其身份地位的高低而显得更加珍贵或卑贱，因而从这个角度来看，大学生和少年的生命是无法拿来比较的，面对三名大学生的舍身救人的选择，我们除了感动和献上深深的敬意之外，还能说些什么！

扪心自问，如果某天我们也遇到同样的事情，我们是否也会做出同样的举动呢？也许大多数人会敬而远之。在这个物质充裕的年代，我们总感到人情在渐渐淡漠，人性在渐渐麻木，我们的精神在不断走向颓败，但三名大学生却以自己的实际行动惊破了社会的冷漠死水，颠覆了许多人淡然漠然的消极心态，让这个布满灰霾的天空又重新透出明媚的光亮。虽然这份代价过于沉重！

因此，人链拉起的不仅仅是两名溺水少年，更是这个社会沉沦的道德！三名大学生去世时都只有19岁，凋谢在还未绽放之时，但他们的生命价值并未随着滔滔江水而流走，相反，升华在民族精神的血脉里，这份价值无关金钱、荣誉。

母爱无疆

——暴走妈妈

有一位母亲叫陈玉蓉，她以暴走的方式挽救儿子的生命，传递着“中国式的母爱”，人称她为“暴走妈妈”。

陈玉蓉，55岁，湖北武汉的一位平凡母亲，她的儿子叶海斌13岁那年被确诊患有一种先天性疾病——肝豆状核病变，这种肝病无法医治，最终可能会致人死亡。为保住儿子的生命，陈玉蓉请求医生动手术将自己的肝移植给儿子，然而，在手术前的常规检查中，叶海斌被查出丙肝，肝脏必须全部切除。这样，他需要母亲的1/2甚至更多的肝脏。可是，陈玉蓉患有重度脂肪肝，1/2的肝脏不足以支撑其自身的代谢。无奈，捐肝救子的手术被取消。

为了能让自己的肝脏符合手术要求，陈玉蓉开始了自己的减肥计划——每天走十公里。在随后的7个多月里，她极力控制自己的食欲，每餐只吃半个拳头大的饭团，有时夹块肉送到嘴边，又放回碗里去。7个多月时间里，她过着勒紧裤带过日子的生活，鞋子走破了四双，脚上的老茧长了又刮，刮了又长，而几条裤子的腰围紧了又紧。

当她再次去医院检查时，令人难以置信的是，奇迹出现了。脂肪肝细胞所占小于1%，脂肪肝没有了，所有的医务人员都为其坚强的毅力所震惊，被其深深的母爱所感动。2009年11月3日，这对母子在武汉同济医院顺利地进行了肝脏移植手术。

这是一个平凡的故事，一位母亲为了儿子付出自己的一切！也许，在这位母亲看来，这微不足道，但我们却不能不为之震撼，为一条历时7个月的漫漫长途，为一颗急迫而真切的爱子之心，也为一份坚毅而执着的精神！

一部《妈妈再爱我一次》的电影，让多少人流下了泪水；一首《世上只有妈妈好》的歌曲，唱出了多少人的心声。母爱是首无言的歌，总会在某个午后、某个黄昏、某个黑夜，轻轻响起，母爱是幅淡淡的画，总会在某个陌生街头、某个陌生小站、某个异乡旅店，在你最失意、最需要求助的时候，闪现在你眼前……

在看到“暴走妈妈”的故事时，我们不禁想起了那首熟悉的唐诗：“慈母手中线，游子身上衣。临行密密缝，意恐迟迟归。谁言寸草心，报得三春晖。”孟郊的《游子吟》很好地诠释了世间最伟大最无私的母爱，陈玉蓉这位平凡的母亲用实际行动给世人诠释了“伟大”和“平凡”的真正涵义。年过半百的一位母亲，飞快奔走，烈日炎炎、风吹雨打，阻止不了她飞速的脚步；炎热饥寒挡不住她匆匆的步伐，她满脸坚定，充满着无限希望。她的目标只有一个——救儿子！为儿子跑出一个合格的肝！这就是母爱，无私而伟大的母爱。

母爱似水，母亲用细腻和柔情温暖着我们每一个人的心，这似乎是一种生命的本能惯性，不分年龄、地域。母爱永恒，一如既往，这世界上所有的爱和感情可能都会变，唯独父母对子女的爱和感情不会变。“暴走妈妈”成为了媒体焦点，“割肝救子”成了众多媒体直播的画面，在这个浮躁喧闹的社会，我们渴望将所获得的这份“爱”，无限放大、延伸，以透彻地诠释“母爱无疆”的意义，以温暖大众的心，以让这个社会多一丝温情。

也许“暴走妈妈”的故事会渐渐被人淡忘，但母亲对子女的那份爱永远不会消失，在感动于母爱的同时，我们是不是也应该多一些思考？母亲无怨无悔地为子女付出，无论经历多少风霜雪雨，无论承受多少误解委屈，她对儿女的挚爱从未改变过，每一个喜庆的日子，都会有母亲忙碌的身影；每一样普通的饭菜，都包含着母亲细腻的心思。母爱简简单单，平平常常，从来没想过什么回报，那么在我们有所承担时，是否该多理解母亲、回报母亲呢?!

因稀有而可贵
——信义兄弟

当世人都在感叹“时风日下，人心不古”之时，湖北孙水林兄弟却以实际行动写就了一曲诚信之歌。

2010 年 2 月 9 日，春节前夕，在北京从事建筑工作的孙水林赶到天津，原定与暂住在天津的家人和弟弟孙东林团聚一天再回武汉，但他查看天气预报时了解到，此后几天，天津至武汉沿线的高速公路，部分地区可能因雨雪封路。于是他决定在封路前，赶回武汉，给民工发工钱。春节前发放工钱，是他对民工的承诺。当晚，他就和妻儿带着 26 万元现金出发了。

2 月 10 日早上，孙东林打电话回家，发现哥哥仍未到家，手机也联系不上。预感不妙的孙东林开车沿途查找，结果在河南兰考县人民医院太平间发现了哥哥一家五口的遗体。那晚，由于路面结冰，发生重大车祸，20 多辆车追尾，其中就有孙水林的车。

“我们家这个年是过不成了，但不能让跟着哥哥辛苦一年的工友们也过不好年。”沉浸在悲痛中的孙东林含泪决定，先替哥哥完成遗愿。

腊月廿九，两天未合眼、没吃饭的孙东林赶回黄陂家中，通知民工上门领钱。

因哥哥突然离世，很多账目及账单都不清楚或不复存在。他们一家通知所有的民工来领工钱，让民工们凭着良心领钱，“大家说差多少钱，我们就给多少钱”。

工钱发放了一天，除发放了哥哥遗留在事故车中的26万元现金外，他还拿了母亲1万元的养老钱，以及从银行支取的6.6万元，发放到了60多名民工手上。

他认定只有把钱发到大家手中，才能告慰哥哥一家的在天之灵。孙东林说：“发钱的一整天，我心里一直挺乱，心里也沉甸甸的，可当钱发完时，我一下子感觉如释重负……”

领到钱后的工友，久久不愿离去。有人摩挲着工钱，感激地说：“孙家兄弟俩真不简单!”

忍着巨大的悲痛，孙东林熬过新年。来不及安慰年迈的父母，他返回河南，处理哥哥的后事。因为诸事不顺，他向湖北日报传媒集团《楚天都市报》求助。从孙东林的哭诉中，敏感的记者发掘了这段可歌可泣的新闻故事。

于是《楚天都市报》以几个整版率先报道了这段兄终弟及的守诺事迹，随后央视《新闻联播》播发了这条新闻，并盛赞孙家兄弟“带给人们的不仅仅是几十万元的工钱，而是比这更加珍贵而沉甸甸的一份诚信”。《人民日报》、新华社也分别刊发报道，聚焦“信义兄弟”接力送薪的感人事迹，展现“信义兄弟”20年来重信守诺决不拖欠农民工工钱的朴素情怀。

2月25日，《湖北日报》在头版显著位置刊发了全景式长篇通讯《超越生命的承诺——记生死接力的“信义兄弟”孙水林、孙东林》和评论《千秋万代信义为本》，深度挖掘和全方位报道“信义兄弟”的感人事迹，新华网、人民网、新浪网等全国数十家网站予以转载，让无数读者和网友为之落泪。成千上万的网友点击并跟帖，留下肺腑之言：有人用“侠肝义胆”形容他们，有人用“真汉子”形容他们，总之，这些发自人们内心的话语充满了敬重，洋溢着感动之情，他们认为“信义兄弟”是我们这个时代的英雄，这并不是说他们的事迹有多么传奇，他们的形象有多么高大，而是因为他们以最平凡的行为，恪守着社会生活中最基本的道义良知，只是面对这份道义良知时，今天的我们却如同久旱逢甘露般的渴望。

2011 年 2 月 14 日，“信义兄弟”——这一“信义”典型的杰出代表最终入选中央电视台“感动中国 2010 年度人物”。

由此孙东林的生活和事业也发生了很大的变化，他不仅相继获得“全国五一劳动奖章”、“2010 年度中国十大责任公民”、“2010 年度感动中国人物”等荣誉，成为三家公司总经理或副总经理，还当选为“全国诚实守信模范”。但是他表示无论生活和事业有什么样的变化，他都将会用毕生的精力来坚守信义的承诺。自己十几岁时曾在工地打工却拿不到工钱，“我哥哥也有过这样的经历。他总是说，将来我们要是当了老板，说什么也不能欠别人的工钱”。

“新年不欠旧年账，今生不欠来生债”，这本该是一种普普通通的做人信条，但如今，这句孙家兄弟说出的话让人分外起敬，异常感动。除了他们自身的义举催人泪下之外，更在于当前社会上诚信和责任的缺失，才放大了这对普通“信义兄弟”诚信之举所产生的意义。这是信义兄弟让我们动情的地方，也是让我们反思的地方。

敬业的人最感人
——浓烟哥

有人会在地震发生时，抛开学生独自逃命；也会有人在危险来临时，依然不忘自己的职业责任和使命。如果第一种人辩解的理由是尊重自己的生命，那么第二种人不仅尊重自己的生命，而且实现了自我生命的升华。“浓烟哥”就是这样的一个人。

2011 年 5 月 22 日，钦州市翰林福第小区一高层住宅发生火灾。在营救被困人员过程中，一名消防战士摘下自己的空气呼吸器，给被困的孩子戴上。这名消防员一时间成了网络红人，网友们亲切地称他为“浓烟哥”。

“浓烟哥”实名谈夏林，1986 年 7 月出生，毕业于广西师范大学法学院，2009 年通过广西消防总队接收地方大学生入警考试，以第二名的成绩被录取，成为一名消防警官。

在接受媒体采访时，记者问道：“为什么把自己的空气呼吸器让给孩子?”谈夏林说，当时燃烧的是一种塑料制品，产生的浓烟是有毒气体。如果小孩没有空气呼吸器，营救极有可能失败，“我作为一个成人，又经过专业训练，身体也强壮，比孩子能抵御毒气的侵害，所以我让出了呼吸器”。80 后消防员舍己救人，感动众人。这在电影中才能看到的一幕场景，真切地发生在现实生活之中，它使我们看到，守望生命的感人之举就在我们身边。可以说，“浓烟哥”用义举点亮了社会的希望，点亮了人们渐行渐远的良知与正义之心！

说起这次浓烟中勇脱呼吸器救孩子之举，谈夏林表现得很淡然，淡然得令人肃然起敬。他说：“其实我只做了应该做的事，没想到一段视频让我这么受关注，我们任何一个消防员都会这么做。”被“哥”之后的谈夏林觉得很意外。

曾有统计说，在十大危险职业的排名中，消防员排在第五。消防员是世界上与我们关系最紧密的危险职业之一，同其他职业危险不同的是，消防员面临的死亡威胁更加直接和猛烈。他们在血与火的考验中，要么挽救更多的人，要么自身被火海吞没。他们承受着危险，是为了让更多的人脱离危险。

人们不会忘记，在2003年湖南衡阳“11·3”特大火灾坍塌事故中，衡阳公安消防支队160名官兵面对血与火的考验，毫不畏惧，奋力抢救人民群众的生命和财产，11人不幸英勇负伤，20人以身殉职，写下共和国消防史上最悲壮最惨烈的一页。这样壮烈的事迹还有许多，可以说，消防员面对危险时奋不顾身的精神支撑，源自对生命的尊重，更源于对消防这一特殊职业的坚守。“浓烟哥”的那句“应该做的事”绝不是一句谦虚的话语，而是一种庄严的承诺。

“应该做的事”，久违了！职业道德，是人们所表现出与职业活动特点相一致的道德准则、道德情操与道德品质的总和，它既是对公民在职业活动中行为的要求，同时也是职业对社会所负的道德责任与义务。当下，诚信的缺失、道德的滑坡已经到了非常严重的地步，其中职业道德的缺失首当其冲。从贪爱钱财、误人子弟的教师到收受红包、见死不救的医生；从弄虚作假、制造伪证的律师到吹起黑哨、执法犯法的裁判；从敲诈要挟、“乐被封口”的记者到信口雌黄、充当代言的明星；从假冒伪劣、坑蒙拐骗的商家到渎职失职、官商勾结的官员……所谓“天下攘攘，皆为利往”，某些人在利益与诱惑面前，早已将职业道德与操守抛之脑后，这委实是社会的悲哀！

民众热捧“浓烟哥”，实际上是呼唤各行各业职业道德的回归，是期待更多的人能像“浓烟哥”那样默默地坚持职业操守，义不容辞地去做“应该做的事”。只有这样，我们这个社会才会充满奉献，充满感动，充满感恩，充满爱与阳光，这也是每位公民活得有尊严、活出幸福感的应有之义。

梦里温情

——“你妈妈喊你回家吃饭”

一条不经意的网语，却直刺人们心中的隐痛，也能唤起你我曾有的感动，它就是“贾君鹏，你妈妈喊你回家吃饭”。

2009 年 7 月 16 日，有网友在百度贴吧魔兽世界吧发表了一封名为《贾君鹏，你妈妈喊你回家吃饭》的帖子，不料在随后短短五六个小时内便被 390617 名网友浏览，引来超过 1.7 万条回复！而且随后的接力有如波浪似的，一浪高过一浪！

一个月后，回复超过 10 万条！

半年多后，回复至 70 万大关！

一个“网络奇迹”就在不经意间被众网友给创造出来了！

“贾君鹏”走红后，各大网站卖力“宣传”，不少网友则发挥想象能力、娱乐天赋，加入恶搞大军，在网络上发布自己杜撰的“贾君鹏”故事。在天涯论坛上，一位署名为“TY 版猪吃 G8”的网友上传了数十张自己制作的“贾君鹏”恶搞图集，引来上万次的吐槽。至此，“贾君鹏”已经脱离了原帖，像当年的“小胖”一样，成为网络恶搞文化中的一块新品牌。网上某手机店铺，给一款知名品牌手机打出的广告语也趟上了这股热潮：“贾君鹏，你妈妈给你买手机了。”一些精明的商家更在网上抢得先机，叫卖印有“贾君鹏，你妈妈喊你回家吃饭”字样的T恤，价格为35～80元，而且还列出了100多件“贾君鹏温情推荐”的网购产品。

面对如此令人称奇的现象，人们不禁要问：“贾君鹏”何许人也？“你妈妈喊你回家吃饭”何以有如此神奇的魔力，引得千万网友跟风响应呢？

有网友在百度知道、新浪爱问上纷纷悬赏询问“贾君鹏”为何人？一番追寻无人能答之后，方知这不过只是一个网上符号而已，于是有网友猜测称：“可能是该名叫贾君鹏的玩家玩游戏玩到乐而忘返的地步，其母亲只有求助于认识贾君鹏的好友，而该好友就在游戏内发出公告《贾君鹏，你妈妈喊你回家吃饭》，由此引发了此次事件。”

不管怎样，虚拟世界的一个虚拟符号带给了人们一次开心的娱乐却是真实的。不少网友自发组成庞大的“贾君鹏家族”，制造各种“××，回家吃饭”类的山寨网语，以吸引众人的眼球，一条魔兽贴吧内发出的《号外！贾君鹏8号开家族会议》帖子，也吸引了数千网友的浏览和回复，而一条《台湾，祖国叫你回家吃饭》的帖子，则引来了三万多网友的跟进！

然而，“贾君鹏，你妈妈喊你回家吃饭”仅仅是因为娱乐而引起网民的共鸣吗？仅仅是因为网络“水军”在其中的“贡献”而被操纵的结果吗？事情恐怕不是这么简单。

随着现代社会的迅猛发展，人们的生活方式和交流方式已发生了颠覆性的变化：亲人，已少有围坐在一起，嘘寒问暖、添饭夹菜的温情；朋友，已少有静下心来放下一切的交心闲聊，彼此关切；同事，已少有推心置腹真诚协作的坦然和舒心。人们眼中所见的，是家人的隔膜与亲情的疏远，朋友的相互利用与酒肉之交，职场的利益纠葛与权力角斗。匆匆的脚步、压抑的心、紧张的人际关系，已泛滥了人们内心深深的寂寞，催生人们怀想往日的简单、亲切与温情，而“贾君鹏之喊”恰恰唤醒了人们心中久已遗忘甚至丢失多日的这份眷恋！这恐怕才是它能引发众多网民回响的深层次原因。

犀利的只是本色

——被犀利的犀利哥

有一个人，他那忧郁的眼神，拉杂的胡子，那帅到无敌的风衣，还有那杂乱的头发，曾在网络上秒杀了全国亿万观众。他，就是被网民惊为犀利的犀利哥！

早在2007年，一个叫“老馋猫”的知名网友，就关注过犀利哥，还与犀利哥一起生活过一段时间。那时候，犀利哥被喊做“小白”。小白捡烟屁股抽，在垃圾堆里找东西吃，穿各种捡来的女人衣服，小白说“我想有个老婆有个家”。他穿上女人的衣服，把自己想象成一个女人，这样他们就合二为一，就有了一个完整的家，就幸福了。“老馋猫”最后一次见到“小白”是在2009年底，他给小白拍了很多反映他真实现状的照片，想引起政府的重视，呼吁一下相关部门，能多关心一下这些精神有问题、生活不能自理的人。可是小白他们的生活依旧，“老馋猫”拍的照片，没有引起人们的重视。

2010年1月30日下午，一位摄影爱好者在宁波街头试镜时，无意间拍下了正迎面走来的一个乞丐，那乞丐眉头紧锁，抽着烟，腰间系着条红布带、挎着只大号购物纸袋。这张“很有FEEL”的照片传上网络，被一名云南红河的高三男生在论坛上看到。他称自己被这名流浪汉深邃而犀利的目光“震撼”，他给他起名“犀利哥”，并发帖，

"秒杀宇内究极华丽第一极品路人帅哥"。于是网友开始追捧，在网上进行人肉搜索。不少网友还通过自己高超的 PS 技术，将"犀利哥"的形象搬到各大电影的海报上。"犀利哥"的威名由此红透大陆，不仅如此，其形象在海外也产生了不小的影响。台湾模仿秀明星"九孔"曾在节目中以"犀利哥"的造型出镜，让网民大吃一惊。演员王力宏执导的《玩转大明星》，也借助了"犀利哥"的形象作为参考。在日本，有大批的网友认为"犀利哥"酷似日本当红男星水岛宏。就连欧美的一些媒体也相继跟进。犀利哥已经走出国门，秒杀全世界了。

犀利哥究竟是何方神圣？为何能一夜蹿红，成为大街小巷热议的明星人物呢？不错，你看他那忧郁的眼神、俊朗的面孔、前卫的装束，似乎傲视一切而又气宇轩昂的风度……好像真的就是明星什么的，其实呢，他只是一个流浪汉，一个可怜的乞丐而已。犀利哥，他的真名叫程国荣，江西鄱阳人，家中还有母亲和弟弟以及两个十来岁的孩子。不幸的是，早些年他的妻子和父亲在一次车祸中去世，母亲和两个孩子遂由弟弟程国圣抚养。弟弟称哥哥十年前离家打工，一直没有与家人联系，失去音讯，家人多次寻找未果。离家时，精神状态还好，现在不知道受了什么刺激，变成如今这副模样。

有一个网络流行语，叫"被……"。这一回，这个落魄的汉子，彻头彻尾地"被"大众娱乐了一回，"被"狠狠地关注了一回，"被"偶像了一回。就是这样一个可怜人，被一个"好事者网友"拍摄到，并传上网。一向为人们所不屑，甚至被吐唾沫的乞丐，如今被网民挖空心思地炒作成了"第一极品帅哥"，冠上了"犀利哥"这个大名！于是，同那些还在马路街角无家可归的乞丐们，那些过着衣不蔽体、食不果腹的流浪儿相比，幸运的犀利哥，引起了人们的关注。

终于，宁波救助站找到了犀利哥，为他提供了相应的帮助，并将他送回了亲人的身边，犀利哥回到了正常的社会。

犀利哥被解救了，但被解救的仅仅是他个人，他的身后依然存在着一个为数众多的需要关注的群体。他们那褴褛的衣着，绝不是为了审美而“混搭”，他们那蓬乱的头发，绝不是故意造型，他们那忧郁的眼神，绝不是为了扮酷而伪饰，他们只是因为条件所限，本色如此罢了。他们和犀利哥一样徘徊在社会的最底层，他们需要尊重，需要帮助。对此，政府部门只有常怀“疑是民间疾苦声”之心，方能让他们感知社会的暖意；社会各界只有努力伸出援救之手，方能在和谐之路上少一些“坑”“洼”。

2012 年 11 月 16 日，贵州毕节五名流浪儿因在垃圾箱内烤火而闷死的事件，再一次给了我们这方面的警示。

网指贪腐

如果要问今天百姓最关心的话题是什么，反腐肯定是首选，或是首选之一。今日官场的“腐”，已不仅仅是那种慵懒散漫的不作为、乱作为问题，而是手法多样、隐蔽性高的对财色的大肆攫取和霸占问题；已不是小鱼小虾的吃拿卡要问题，而是狮子老虎般的鲸吞暴掠问题；已不是少数人、个别行业的特殊问题，而是触及各个级别、多个领域的群发性问题。党的一级书记可以是五毒俱全的败类，政府的某个官员可以成为房妹、房姐、房叔、房祖宗……个中的问题不能不令国人忧心，也不能不引起全党的重视。

有意思的是，在这个过程中，网络弥补了制度缺憾带来的漏洞，它无所不及的触须和明察秋毫的眼力，让它在反贪惩腐道路上发挥了而且还在继续发挥着不容低估的作用，“表哥”杨达才的倒台、重庆雷政富的“双规”、房姐龚爱爱的被捕，国家能源局局长刘铁男的被揭发，仅此就可见其威力非同一般。

当然，牛栏是关不住猫的，网络反腐毕竟只是一种社会辅助手段，解决腐败问题的根本，还在于党和政府如何管理权力，踏石有印、抓铁留痕的决心当是一种有力量的态度，给权力上锁，把权力关进制度的笼子当是一种最有效果的办法。

一笑误终生？
——“全身都是宝”的“表哥”

一张不经意的照片，一个不经意的动作，竟在网络神奇力量的推动之下，引发了一场世人瞩目的官场地震，逮住了一个隐藏颇深的巨蠹大贪，这个中的玄机不能不叫人玩味反思。

2012 年 8 月 26 日凌晨 2 时 40 分左右，一辆从内蒙古呼和浩特开往陕西西安的双层卧铺客车，在包茂高速公路延安段上与一辆运送甲醇的油罐车追尾，进而引起冲天大火，车内 39 人除 3 人侥幸逃生外，其余 36 人全部罹难，现场惨景不忍卒睹。

发生如此重大的交通安全事故，当地的安监部门自然要深入现场，调查真相，分析原因。当日上午 11 时，陕西省安监局局长杨达才在驱车四个多小时后到达事故发生地，随即指示相关人员，着手调查工作。

按说，杨达才的这一举动，基本上做到了一个主管官员所应做到的一切：反应迅速，处置妥当。如果没有后续事情的发生，他的作为说不定还会被当作责任感强的典型，加以宣传报道——这种事例在我们先前的见闻中并不少见。

然而，一张不知是哪位好事者拍出的照片却导致了整个事态的全盘逆转，也导致了人们注意力的全面转移。这张照片的背景是惨遭火劫的油罐车的残骸，照片的正中是高大肥胖、发丝整齐、腆着肚子、双手叉腰的杨达才，他正眯着双眼，笑悠悠地与人谈话。

面对如此悲惨的场景，面对36条刚刚逝去的生命，作为省级政府的主官，杨达才竟然派头十足，笑意盎然，这自然一下子点燃了网民的怒火！于是，滔天愤怒全都冲着杨达才而来，网民把对交通事故的悲愤一下子全都泼洒到了“微笑局长”的身上！一个本来可谈论“官员深入一线，积极指挥事故救援”的正面话题，现在眨眼间变成了“冷漠官老爷笑对惨祸”的尖锐抨击！

不仅如此，网民还刨根问底，展开“人肉搜索”，很快翻出了杨达才戴名表的经历，一下子就搜出杨达才在不同场合所戴的五块手表。作为在官场上摸爬滚打了三十年的老油条，杨达才当然知道这个中的风险，也当然不会就此坐等被他人吐沫淹死的结局。8月29日，他在新浪实名注册微博，就“微笑门”和“名表门”与网民进行“坦诚”交流。他承认十几年来共购买了五块名表，并且把每块表的价格、品牌和盘托出，且强调它们都是用合法收入购买的。对于“微笑门”，他解释说，是因为工作人员向他汇报时，用当地的方言说了一句“一满烧光球了”，自己忍不住笑了一下，对此他深表歉意。

这正应了那句越描越黑的老话，本打算借“坦白”以息事的杨达才完全打错了算盘。就在他的微博话音落地之时，以搜集官员图片并以鉴定手表而闻名的网友“花总”立即爆料：杨达才的名表不止五块。这又引发了网民的“搜索”热潮，两天后，网友为杨达才又搜出了六块名表。这一次，杨达才还想作一些“狡辩”，说这些表是与他的同样喜欢手表的儿子换着戴的，但有了上一次的“谎言”之后，还有谁去相信他的这一次的“坦白”呢?!“表哥”之名从此不胫而走，而陕西省纪委也就此宣布介入调查。

初步得胜的网民继续发扬穷追猛打的精神，又将杨达才佩戴的估价13万元的眼镜和名牌皮带等相继挖出。至此，“全身都是宝”的杨达才被彻底“剥了个精光”!

9月21日，杨达才注销了新浪微博；同日，陕西省纪委也公布了初步调查结果，称杨达才存在严重违纪问题，根据有关纪律规定，经省纪委常委研究并报经省委研究决定，撤销其陕西省第十二届纪委委员、省安监局党组书记、局长职务；

2013年2月22日，经陕西省纪委进一步调查，陕西省安监局原局长杨达才在任职期间严重违纪并涉嫌犯罪，经陕西省纪委常委会研究并报省委批准，决定给予杨达才开除党籍的处分，对其涉嫌犯罪问题提交司法机关依法处理。

事情到此暂时宣告了一个段落。

有人说，一个不留神的微笑，把杨达才一生都给毁了，是一笑误终生!

事实果真如此吗?

在戏台上，“笑场”是一种砸戏的“事故”；在生活中，在景象惨烈的延安8·26交通事故的现场，杨达才的“笑场”，也是“事故”，使“这小子也面对了他人生的车祸”（白岩松语）。相信很多人都不会要求身处现场的杨达才有痛失亲人的悲切，但作为同类，作为一个用百姓血汗供养起来的政府高官，起码的同情、起码的人性还是要有的。杨达才笑了，也许只是不经意的自然反应，或者如他所言，是听到当地人讲了方言后的一个表示，然而在不合适的场合，不合适的时间，做了一个不合适的动作，他就应该为此承受批评、责难，甚至詈骂！他可以自怨“我怎么就那么倒霉呢?”但证据在上，他只能如此自认。更何况，在如今官民矛盾不见缓和的情况下，肥头大耳，腆着肚腩的杨达才正是“贪官污吏”的典型，正是体制内千万个问题官员的形象缩影。事故发生了，人们正在寻找发泄愤怒的出口，杨达才这个“典型”官僚的一笑，不正成了众人“放矢”的靶子?!

然而，误他终生的根源其实并非在这一笑和这一身的形象上，而是在他低调伪装起来的贪婪上。

我们可以逆向思考一下，倘使他杨达才是一个廉洁自持的清官，即便有这不恰当的一笑，网民又能挖到他身上的什么“宝”呢？他又何至于“误终生”呢？可事实却是，他“一身都是宝”，而这些“宝”，又岂是一个拿工薪的政府官员用合法收入所能购买的？除此之外，另据人民网消息，双规之后，杨达才被传查出名表至少 83 块（《环球时报》对此予以了否认）；纪委在他个人账户发现存款 900 万元，在他家中和私人场所发现现金至少 700 万元，共计超过 1600 万元，而这还是打折后的保守估计！

而值得令人深思的是，杨达才的这一切，平时是伪装得十分巧妙的。这个伪装就是行事低调，不扎眼。他曾在安康和汉中市政府工作过，在这些地方的口碑还不错。“气势不像其他领导那样压人，对朋友仗义。”一位熟悉他的人说。“比较低调”，“很少能成为焦点”，是许多人对他的共同评价，而恰恰就是这种低调降低了相关监督部门对他的关注度，欺蒙了许多善良人的警惕的眼神。他则借此大肆受贿，中饱私囊！

试想一想，倘使没有 8 · 26 延安交通事故，没有杨达才的这一笑，没有这张照片，没有网民的“人肉搜索”，杨达才可能还会低调地做官，疯狂地收受名表、腰带、眼镜和钱财。

我们常说某件事情是“偶然中的必然”，确实，杨达才的“倒霉”已成“必然”，但假使没有这个“偶然”呢？可见，我们制度中存在的漏洞是明显的，也是令人担忧的。

物必自腐，而后虫生
——雷政富不雅视频事件

2012年11月20日，一家名为“人民监督网”的网站，发表文章、图片及视频链接，称“重庆北碚区委书记雷政富包养情妇并与之淫乱”；是日23时至21日2时，一名新浪微博认证为“纪许光”的网友多次转发此图文及视频链接。“纪许光”微博称：2007年（实为2008年）农历大年初一、初三，时任重庆北碚区区委书记、区长的被举报人在重庆一宾馆与18岁的二奶进行性淫乱。后来，“被举报人与情妇赵某某闹翻后，动用刑警抓捕该情妇，并关押一个多月。他已经接受本人的电话采访，并称‘淫乱视频是移花接木’，称愿意和本记者做朋友”。“纪许光”还称其曝光雷政富隐私后，很快接到“号码未显示”的恐吓电话，说要追究其法律责任。对此，“纪许光”说他“欢迎劳教、诬陷等所有报复手段”。

很快，该事件成为微博热门话题，天涯、凯迪社区、百度贴吧、红网论坛、中华网论坛等网站相继转载此微博，《请重庆方面回应：北碚区委书记的淫乱视频是否属实》、《重庆北碚区委书记雷政富，你欠公众一个说法》等帖文如雪片似的撒在网上，引起网民的高度关注，仅凯迪社区的《又一个交配淫乱的好干部出来了》的帖子，11月21日的点击量就达到16.8万次。

11月21日晚8时至9时，此事件第一爆料人朱瑞峰、纪许光做客腾讯微访谈，通过微博回答网民对雷政富淫乱视频事件的提问。朱、许两人称，他们手上有完整的相关视频及被举报人插手工程建设为亲属谋利，尤其是其弟弟包揽垫江县土石方工程等的线索和证据，重庆市纪委有关人士已与他们取得联系，他们愿意向重庆方面提供相关资料。

对此，事件当事人雷政富在回应记者电话采访时坚称："那些(不雅视频)是假的，是造假的，你不要信。"

此事当然不可能不引起重庆官方的注意。21日上午，重庆市纪委表示，已注意到相关内容，正在了解核实。而一位不愿透露姓名的重庆官员告诉记者："目前已初步确定该视频并非PS，但是视频中的男主角是不是被举报人尚在确定之中，一切结论将由重庆市纪委调查确实。"

不久，重庆市纪委确认，近日互联网上流传有关不雅视频中的男性为重庆北碚区区委书记雷政富。23日，重庆市委研究决定，免去雷政富的区委书记职务，并对其进行立案调查。

此后，这一事件的更多内幕逐渐浮出了水面。

1958年7月出生的雷政富历任重庆市江津市副市长，重庆市垫江县县长、书记，重庆市九龙坡区委副书记，重庆市北碚区区长、书记。在担任垫江县委书记期间，他将该县的大量工程建设项目承揽给其弟弟雷政奎开设的公司，此举引起了当地一些建筑公司老板的不满。于是，重庆永煌集团创始人肖烨、严鹏等人招募漂亮女孩——时年18岁的赵红霞，雇用并训练她，让她以周小雪的化名，去做雷的情人，秘拍不雅视频，以此要挟雷政富。有资料表明，当2008年2月7日（农历大年初一），雷政富与赵红霞在重庆大石坝蓝箭宾馆淫乱被拍视频后，2月9日，两人再次到重庆江北的金源酒店开房。这一次，赵红霞的"男朋友"王建军及许社卿等永煌公司员工悄然而至，将雷赵二人捉奸在床。可就在雷政富惊慌失措、脱身不得之际，肖烨及时现身，帮助雷政富解了抽身之围，雷政富至此方才如梦初醒——中了他人的圈套!

2009年11月，严鹏拿着不雅视频找到雷政富，敲诈8000万元，雷不堪压力，遂向重庆市主要领导坦白了此事。重庆警方立案后，时任市公安局局长的王立军交给副局长王维国负责办理此案，不多时，肖烨、赵红霞、严鹏、王建军、许社卿等被控制，赵红霞被拘留一个月，肖烨因“私刻公章罪”判刑一年。

其间，肖烨还培训了张丹、谭琳等女孩，让她们和赵红霞一道组成红粉军团，去勾引像雷政富之类的多名党政干部和国企领导，偷拍与他们性爱的画面，以敲诈钱财。视频所涉人员共计有：2008年8月，时任重庆市江北区常务副区长的范明文，与赵红霞在渝通宾馆开房时被偷拍，后在同一宾馆与赵红霞幽会时被捉奸；2008年初，时任重庆市政府副秘书长、重庆市金融办主任的罗广，在果岭时尚酒店与赵红霞、张丹开房时被偷拍，一个月后在同一酒店再次与赵红霞开房时被捉奸；2008年2月，时任重庆合川区区长的韩树明，与赵红霞在重庆金源酒店开房时被偷拍，与谭琳在同一酒店开房时被捉奸；2008年3月，时任重庆市城市建设投资公司副总经理、重庆渝开发股份有限公司董事长的粟志光，与赵红霞在重庆东和花园酒店开房时被偷拍，4月与赵红霞再次开房时被捉奸；2008年9月，时任重庆市教委主任的彭智勇与赵红霞开房时被偷拍，次年2月与赵红霞在小天鹅宾馆开房时被捉奸。

按说，早在2009年，重庆警方即已侦破了此案，原重庆市委书记薄熙来及原重庆市公安局局长王立军也已获知了涉案人员的情况，但被偷拍性爱视频的六名党政官员、国企高管不仅未受任何处分，一些人反而获得升迁：时任北碚区区长的雷政富，2010年6月升任北碚区委书记；时任重庆市教委主任的彭智勇，2010年12月起任重庆市九龙坡区委书记；时任江北区常务副区长的范明文，2009年12月起任重庆市璧山县县委书记；时任重庆市政府副秘书长、金融办主任的罗广，2012年8月转任西南证券董事长；时任合川区区长的韩树明，2009年4月起任重庆长寿区区长；时任重庆市城市建设投资公司副总经理、重庆渝开发股份有限公司董事长的粟志光，2012年8月起专任重庆城投副总经理。

也许在薄、王等人的眼里，这点床笫之事是每个男人都会犯的“错误”，他们自身就是如此；也许他们那时正忙于“打黑”、“唱红”，他们不想让手下这些干将们的“淫乱”而污了他们的体面。总之，当年他们即将这件连环淫案封存了起来，以期一了百了，孰知网络这个东西法力无穷，三年后又将这封杀恶魔的瓶塞拔了出来，从而引发了这次官场大地震。

2013年1月24日，中共重庆市委决定：对因雷政富不雅视频事件牵出的10名党政官员、国企高管予以免职，并将根据调查情况依法依纪严肃处理：免去彭智勇九龙坡区委书记职务；免去范明文璧山县县委书记职务；免去韩树明长寿区委副书记、区长职务；免去艾东石柱土家族自治县县委副书记、县长职务；免去罗登友市交通纪委书记、监察专员职务；免去谢华骏重庆机电控股（集团）董事长、党委书记职务；免去周天云重庆市地产集团董事长、党委书记职务；免去何玉柏重庆国际信托有限公司董事长、党委书记职务；免去罗广西南证券股份有限公司董事长、党委副书记职务；免去粟志光重庆市城市建设投资（集团）有限公司副总经理职务。

同时，重庆市检察机关以涉嫌敲诈勒索罪（敲诈勒索雷政富300万元，周天云200万元，共计500万元）批准逮捕肖烨等犯罪嫌疑人。

一场传遍网络的淫乱大戏至此差不多要合上大幕了！

深思这场大戏的缘由，有人归结为雷政富的“长相”。

有网民将雷政富三字解读为：“雷人长相，政府官员，富得流油”，认为雷政富相貌“鬼斧神工，把历史上的各种难看、猥琐、丑陋熔于一炉”，“看长相就像淫官、贪官”。如果从泄愤的角度来说，撒撒怨气也未尝不可，但如果把雷政富的“雷人长相”，同其淫、贪、“万劫不复”联系起来，就未免太以貌取人了。孔老夫子曾说：“以言取人，失之宰予；以貌取人，失之子羽。”看看，连贤哲如孔子者，也认为以貌取人失之允当，常人以此鉴人，恐怕就更为主观了。

毕竟，选官不同于选美，“德才”不等于“长相”，长得俊朗、挺拔、漂亮的不一定就不淫、不贪，而长得矮瘦、难看的也不一定就是贪淫大盗，你看这次重庆市免职的十位党政官员、国企高管，除雷政富外，有谁长得不是帅气、周正的？正像湖北省原副省长孟庆平落马后所说的那样，“你们看我的长相，像个贪官吗?”是呀，淫不淫，贪不贪，岂可由貌而定呢?!

有人说，雷政富等人的倒台要归因于赵红霞等人的“献身”。

这话也不可这么说。赵红霞等人为什么“献身”？说到底，还不是想从肖烨那里拿到好处，跟“反腐”哪有一丁点儿的关系？而且就一个 18 岁的女孩子来讲，她很难说不是在稀里糊涂下成了他人利用的工具，当了他人的肉弹的。她们只是为了小利而牺牲了色相、出卖了肉体的悲剧人物，可怜甚至还有些可恨。

说到底，真正让雷政富们倒台的还是他们自己。

倘使雷政富戒了贪念，办事公道，不将工程揽归其弟来做，而让市场来选择工程承包公司，他就不可能得罪那些建筑商们；倘使雷政富、范明文、彭智勇、韩树明们不起淫欲，赵红霞等人又何尝能接近他们，把他们放倒在床上秘拍不雅视频呢？还是那句老话说得好，苍蝇不叮无缝的蛋，物必自腐，而后虫生！

失去权力监督的恶果

——五毒书记

一名地方党组织书记，竟被冠以“五毒”之名，这无疑会成为一个新闻热点事件，也无疑会激发人们对个中蜕变原由的探寻和反思。

“五毒书记”本名张二江，原为湖北省天门市市委书记，因贪污腐化被时任湖北省省委书记俞正声痛批为“吹、卖（官）、嫖、赌、贪”五毒俱全，遂有“五毒书记”之名。

张二江腐败案之所以引人注目，主要还在于他这个“五毒书记”身上的几个“闪光点”：第一是大肆造假，吹牛弄权。在丹江口创造“数字政绩”，得以调任省直管市天门市任市委书记。第二是恃权纵欲，淫乱妇女。12 年间平均一个月玩弄一名女性，共百余名，她们中有党政机关干部、企事业单位职工，还有保姆、“三陪女”。第三是厚颜张狂，黑心无耻。张二江自命为“荆楚一帅才”、“楚中良将”，是百姓“青天”，但记录着他违纪违法事实案卷共 82 卷，足有两米多高。面对党纪国法的惩处，他竟然无耻地说：“没有我天门非乱不可。”“不让我回去，天门（市）160 万人民怎么办?”“抓我会造成湖北经济的重大损失。”

2002 年，张二江因贪污、受贿罪被省高级人民法院判处有期徒刑 18 年，并处没收个人财产 10 万元。按说就此此人会从公众视线消失，但这个不甘“平凡”的人服刑期间仍不“平凡”，他利用自己掌握的文化知识，先后在狱中撰写了《〈风〉类诗新解》、《白话兵经——孙子兵法译注》、《白话书经——尚书译注》、《〈雅颂〉类诗新解》四本书，分别由湖南人民出版社、陕西人民出版社出版发行，监狱方由此认定他多次立功，为他减刑，张二江的才华可见一斑。

但才华掩盖不了他的罪恶，却可以助长他的腐败。或者我们反过来拷问，一个不失才华的人，何以沦落为“五毒俱全”的罪犯呢？张二江一案令人深思。

和其他腐败分子一样，张二江权欲极重，利欲熏心，贪赃枉法，无法无天。在进入党政机关前后，他也有一个勤奋上进的历程，曾以优异的表现和突出的才华，赢得领导赏识。

作为武汉大学历史系 78 级学生、校学生会主席、全国学联委员，张二江比同龄人有着更高的起点，而且具有强烈的从政愿望。大学毕业后他如愿以偿，进入湖北省委、省政府所属部门工作。权力意识强烈的张二江，对自己的状态并不满意，因为没有实权，上升空间不大。1988 年，张二江得到省委组织部的批准，到边远的鄂西北县级市丹江口出任代理市长，不久在市人代会上顺理成章地当选为市长。到丹江口的头两年，张二江“工作状态好”，经常下乡调研。当了市委书记后，有人捧场，有人送礼，他开始发生变化，开始借助手中的权力为自己造势，为私人牟利。检察机关认定：1995 年至 2001 年，张二江在担任丹江口市市长、市委书记和天门市市委书记期间，利用职务之便，为他人谋取利益，收受他人贿赂 39 次，共计人民币 77 万余元，美元 4300 元，先后 14 次支取公款 10.8 万元用于个人开支和送给亲戚朋友。

透过张二江违法乱纪、腐败堕落的过程，我们看到了他成为罪犯的一些必然因素。

其一是上级监督不力。1999 年底，国内多家媒体揭露了丹江口市骇人听闻的统计数字造假黑幕，张二江不但未被追究责任，反能走马上任天门市市委书记。张二江在市、县任职的十多年时间中，上级有关部门曾多次收到关于他的举报，也曾多次调查，但最终不了了之。

其二是下属追捧，无力监督。作为省里的后备干部，张二江头上罩着许多光环，而且善于权术，其行为具有一定的欺骗性。丹江口市有的干部认为，张二江是从省里下去的干部，思维开阔，观念先进，有点子，敢想敢干。在这种思想指导下，同级和下级的监督自然无从谈起。

其三是扭曲的“政绩观”。谈到数字造假一事，丹江口市有一位干部面对新闻媒体的采访时说：“浮夸风各地都有，只不过把丹江口做了一个典型，有的地方可能比丹江口更厉害。”丹江口市统计局办公室一位人士则说，虚报有一些制度上的原因，如果当年上面不搞一些不必要的评比，下面也就没有必要弄虚作假。张二江的继任者张达华，就在全市统计工作大会上说：“现在弄虚作假的各地都有，我们丹江口的问题，好比几个人横穿马路，有交警值班，其中有一个人被抓住了。”这种简单、扭曲的官场逻辑，使得张二江的作为深得上下共赏，织起一张貌似合理的“保护伞”，促成了“五毒书记”贪欲的膨胀和权力的滥用。

“治国必先治党，治党务必从严”，这句反腐名言是全党的共识。20世纪80年代以来，我们对腐败现象认识不可谓不深，探索、研究也不可谓不深入，口号喊了很多，会议开了不少，但腐败分子“前腐后继”的势头似乎没能得到有效的遏制，党的威望、国家形象和人民的利益大受其害。可以说，代价太大，而收效甚微。

我们认为，根除腐败，必须从体制着手，重新设计权力配置方式，加强权力对权力的监督；同时应依法保护并落实公民的基本权利，把权力置于阳光下运行，建设法治政府、透明政府，依赖公民行使自身权利来监督权力。

高薪未必能养廉
——国企第一贪

“国企第一贪”所指何人？当然非陈同海莫属！

陈同海，中国石油化工集团公司原总经理、中国石油化工股份有限公司原董事长，2007年6月22日被双规，2009年7月15日被北京市第二中级人民法院以受贿罪判处死刑，缓期二年执行。该案主审法院负责人认为，这是近年来国有企业腐败案件中“级别最高、掌管企业规模最大、犯罪数额最大的”一个，案值之巨、危害之深、影响之广，令人震惊。

作为国有企业高管贪腐记录的创立者，陈同海案件备受关注。法院审理查明，1999年至2007年的8年间，陈同海利用其担任中国石油化工集团副总经理、总经理和中国石油化工股份有限公司副董事长、董事长的职务便利，在企业经营、转让土地、承揽工程等方面为他人谋取利益，收受他人钱款共计折合人民币1.9573亿余元。由此创下了两项全国之最：一是受贿额全国之最，高达近两亿；二是单笔受贿金额之最，单笔受贿1.6亿元。因而陈同海案被认为是新中国成立以来受贿总额最高、受贿单笔金额最大的贪腐案件。

何以造成这桩大案的发生呢？

首先与国有企业政企不分的机制大有关系。改革开放初期确立的国有企业“政企分开”方针，实际上一直未能真正落实，致使国有企业形同政府的组成部门，高管们既有行政级别，享受权力带来的利益，又能利用制度漏洞拿取高薪巨俸。新世纪头十年，这些问题一再被抛出来，早已引起了社会的广泛议论。

这就造成了我国特有的“国企高管”阶层：说是政府官员，却享受着职业经理人的天价薪酬；说是职业经理人，却又缺少一个真正市场化的选拔机制，而且仍享受种种体制内官员的福利待遇。于是，人们不难发现，国企领导天价薪酬的实质就是：到企业任职的政府官员拿着华尔街式的高薪。

更为严重的是，由于政企不分，政企关系实际上一直处于矛盾状态：一方面，出于国有资产保值增值的考虑，政府依然以各种理由、各种身份对企业实施行政干预；另一方面，政府作为国有资产所有权代表，受信息、利益、人力等多方面因素的限制，并没有很好地履行所有者职责，相当一部分国有资产处于失控状态，“所有者缺位”和“内部人控制”现象严重，从而导致大量国有资产流失。以陈同海为典型代表，国有企业频频发生行贿受贿，私分、藏匿和侵吞国有资产，贪污挪用公款等大案要案，正是这种制度缺陷的恶果。

这桩大案的发生与国有企业高管权力过大、无人监督的制度弊端同样大有关系。在陈同海的词典里，国家的就是自己的，自己的就是国家的，因此国有资产可以任意支配，随手乱花。陈同海在中纪委副书记找他谈话时，口出经典“名言”：“每月交际开支一二百万算什么，公司一年上缴税款二百多亿。不会花钱，就不会赚钱。”他是这样想的，也是这样做的。陈同海滥用职权大肆地挥霍公款，每月动用公款花天酒地达120万元。平均每天挥霍四万元之巨。中石化大楼的吊灯高4米、直径6.5米，主要材质为水晶和钢板镀铜，当初有媒体揭曝吊灯价值1200万元之巨。后来，中石化出来纠正，说此吊灯从设计、制作到运输、安装，全部造价为156.06万元。可是即便吊灯价值未达1200万元，156万元也同样雷人，骇人听闻！中国石化是上海F1这项赛事最大赞助商，陈同海大手一挥，出资8亿元赞助上海F1这项赛事，此外，中石化3年共资助国际汽联管理公司6000万美元。同时，中国石化购买央视F1转播冠名权，总计2.64亿元人民币。有人质疑，如此一掷亿金值不值得。可陈同海连眉头都不皱一下。

陈同海们决不会甘心于只是挥霍公款供个人享受，同时利用职权为自己聚敛财富。当年，成克杰被认定的最大一笔受贿赃款为4109万元，可是竟不到陈同海单笔最大受贿款的1/3。北京市二中院的一审判决信息显示，陈同海的受贿罪几乎涵盖其在中石化的履职时间，从其进入中石化的第二年（1999年）起，一直到案发的2007年6月，时间跨度长达8年。

陈同海的贪腐堕落，与其个性因素也有关系。陈同海的“红二代”身份，强势的个性，加上巨大的权力运作空间，致使他形成强横霸道的性格和妄自尊大、目中无人的做派。国家发改委提出要降低油价时，陈同海发出他的狂妄高论：“有人问我如果成品油定价放开，价格由市场决定，中石化的油价会由谁来决定？我回答是：由我来决定！”面对打破垄断、深化改革的舆论，陈同海冒天下之大不韪，公开表态：“作为共和国长子，我们不垄断谁垄断？”

以陈同海为典型的国企高管的贪腐行为证明：没有完善的制度和有效的约束，高薪养廉只是一个神话，或者只是少数人谋求利益的借口。

官场与商场
——炒房区长

再狡猾的狐狸，也斗不过好猎手，上海“炒房区长”康慧军的落马，再一次验证了这个简单的道理。

2007年六、七月间，中共上海市纪委对局级以上公职人员住房情况进行了一次普查，结果发现时任上海市浦东新区副区长的康慧军所申报的、居住在浦东新区陆家嘴核心地段的豪华楼盘“仁恒滨江园”内面积320余平方米的住房，价格明显偏低。顺藤摸瓜，上海市纪委发现这套当时市场销售价近1000万元的房产，康慧军利用职务之便仅花270余万元就顺利到手。

正所谓“狡兔多窟”，上海市纪委顺藤摸瓜，最终查实康慧军以个人名义坐拥14套住房。不仅如此，康慧军及其妻子还依靠炒房收取贿赂，“创收赢利”，经他夫妇转手倒卖的房子超过20套，直接获利千万余元。从“浦东新地主”到“炒房区长”，康慧军因受贿590万余元，另有1211万余元巨额财产来源不明，被依法判处无期徒刑，剥夺政治权利终身，并处没收其个人全部财产。据媒体报道说，康慧军刷新了一项纪录：浦东新区开发开放18年以来，受到党纪国法惩处职位最高的人，也是惩处最重的人。

狐踪难觅，在于伪装。康慧军收受贿赂的“巧妙”之处就在于利用手中的权力，以亲友名义低价购进住房，然后高价卖出，从中获利。

狐假虎威是康慧军夫妻谋财的基本伎俩。房地产商—康慧军妻子—康慧军，康慧军的妻子借助他的权势，走在前台，他则以家属为中介，把官场与商场连接起来，结果，他们空手套白狼，开发商获得暴利，权钱交易就此完成。

狐狸犯错，老虎受过，有人会认为康慧军受了妻子的连累，多少有些冤枉。这种观点就像有些腐败分子在检讨自己的错误时很沉痛地总结出来的那句经典语录："没有管好自己的家属。"而康慧军也承认"内心深处有鸵鸟心态和侥幸心理，少知道一点，总好像更安稳些"。据说，康慧军对家庭收支几乎毫不知情，而其妻王孝琴则"清楚"得多。王孝琴包揽了家中的"财政"大权，康慧军也乐得将各种麻烦事交给妻子，涉案财物大多由王孝琴收受。但假装不知情，貌似不知情，不等于不知情。幌子和托词遮掩不了办案人员的眼睛，也丝毫不能减轻其出卖权力、以权谋私的法律责任。

有媒体人士把康慧军夫妻的行为称作典型的"隐形腐败"。说其是"隐形腐败"，是因为贪官在受贿、索贿时，并不像接受现金那样直接，其所有的程序都是冠冕堂皇的，仅仅从手续上看，几乎看不出任何问题。

南方地区有一句俗语说："夜路走多了，终会撞见鬼的。"康慧军夫妻一次次黑幕交易的成功，给他们带来了巨额财富，也最终把他们送进了囚牢。

党的十八大召开后，干部个人财产登记工作步伐加大、加快，全国多地出现公务员"抛房"现象，媒体连连曝光"房叔"、"房妹"、"房姐"，几乎成了康慧军夫妻的新版注解。

人称"房叔"、坐拥22套房产的广州市城市管理综合执法局番禺分局政委蔡彬，被免职并采取双规措施。

“房妹”翟佳慧在河南郑州兰亭名苑小区中拥有11套房产，其父亲翟振峰曾任二七区房管局局长、二七区住房保障服务中心主任等职务，而“房妹”的11套房子正是她父亲翟振峰任区房管局局长期间购买的。

“房姐”龚爱爱，陕西神木县农村商业银行副行长，用多个身份在京拥有共41处房产9666.6平方米，遭警方逮捕。

“手莫伸，伸手必被捉”，不论如何隐形的权钱交易，只要有一丝阳光照射过去，隐形魔鬼终究会原形毕露。腐败不可怕，就怕不真抓，更怕真不抓。

舆论的力量
——“天价烟局长”落马

遍查近年来贪官倒台的历史，你不难发现，多数贪官都是倒在财和色上的，而原南京市江宁区房管局局长周久耕，却是因为“祸从口出”而走进监狱。

话还得从五年前的那次媒体见面会说起。

2008年12月9日上午9时许，周久耕在该局四楼会议室接受南京九家媒体的采访，纵论江宁楼市。时全国楼价畸高，房奴怨声载道，而一些开发商为促销楼盘，不惜降价销售。当记者询问江宁区的这一情况时，周久耕侃侃而谈道：“对于开发商低于成本价销售楼盘，下一步将和物价部门一起进行查处，以防止烂尾楼的出现。”

此语一出，立即引发了网民的热议，网民推断，他的这番言论是站在政府和某些开发商的角度说话，完全不顾及购房百姓的感受。

周久耕因查处言论一下子把自己推到了风口浪尖。

12月11日，网友“小花半里”在焦点南京房地产网“恒大绿洲论坛”上贴出《八问江宁房管局周局长》的帖子；随后，凯迪社区贴出《遍撒英雄帖，追查南京市江宁区房管局局长周久耕》的帖子，周久耕遂开始被网友“人肉搜索”。

12月14日，网友“西方不亮东方亮”发帖《腐败不腐败，看照

片　南京房管局长抽1500元的烟》。此帖以文字配图，说明周久耕所抽的镶有蓝边的金色盒子包装的香烟为1500元一条的“九五之尊”。周久耕因此也被网民封为“周至尊”。

次日凌晨，有网友在《周久耕局长抽名烟、戴名表》的帖子里指认周久耕所戴手表为“江诗丹顿”，价值约10万元。

17日下午，天涯社区的“房产观澜”论坛里，网友“伟大的人民”发帖抖出周久耕的弟弟是开发商，系天创置业副董事长、天元吉地项目部总经理周久忠。且有人据此断定，周久耕声称要查处的开发商，实际上是其弟弟的竞争者。

12月23日，有网民爆料周久耕的儿子是建材商。

一波接着一波的网上爆料，终于引起了南京市有关部门的重视。

12月22日，南京市江宁区纪委着手调查周久耕抽天价烟、戴名表的事。

六天后，周久耕被免职。江宁区纪委对外表示：因周久耕擅自对媒体发表不当言论产生不良影响以及用公款购买高档香烟的奢侈消费行为，决定按照有关程序免去其江宁区房产管理局局长职务，其涉嫌严重违纪的证据已在纪检监察机关的逐渐掌握之中。

12月29日，江苏省委常委、南京市委书记朱善璐表示：党员干部要经得起网络监督。

2009年2月13日，江宁区纪委决定对周久耕立案调查。随后周久耕因严重违纪，被开除党籍、公职，并被移送司法机关依法处理。

不久，法院经审理查明，周久耕2003年到2008年担任江宁经济技术开发区管委会副主任、江宁区民政局局长、江宁区房产局局长期间，利用职务之便，共收受贿赂人民币107.1万元，港币11万元。

9月4日，周久耕受贿案在南京市中级人民法院开庭审理；10月10日，周久耕一审以受贿罪被判处有期徒刑11年。周久耕表示，他虽对法院没有认定他的自首行为感到遗憾，但对判决感到满意，不再上诉。

就这样，周久耕因“雷人语”、“天价烟”、“名牌表”而倒掉了。

综观这一过程，不仅颇具戏剧性，而且也颇值得玩味。

戏剧性在于推动这一事态发展的，几乎靠的是网络力量。周久耕因“查处言论”遭到网民的“人肉搜索”，进而因抽“九五之尊”天价烟、戴“江诗丹顿”名表而引起网民的愤怒。此时相关纪检部门是如何看待这些事情的呢？南京市纪检委工作人员（“10号接待员”）表示：“偶尔抽一包‘九五之尊’香烟，尝尝鲜有何不可?”（转引自四川新闻网）可见此时纪检部门还没有重视周久耕的问题。是态度审慎，还是反应迟钝，抑或是睁眼闭眼，蒙混网民？不得而知，但起码可以看出，这个“10号接待员”的回答是草率的，不严肃的。然而网民却穷追不舍，继而“搜索”出周久耕开凯迪拉克上班、其弟为开发商、其子为建材商等“隐私”，终于推动政府相关部门查处周久耕的问题。

我们在为网络反腐叫好的同时，也该深思以下两个问题：

其一，通过抽名烟、戴名表，网民都发现了周久耕这一消费与收入不符的事实，这是个常识问题，何以经常与其接触的其他政府官员，包括纪检部门的人就发现不了呢？这是制度问题还是人的问题?

其二，网民的“人肉搜索”，既可能“搜”出真相，也可能制造假象。对周久耕的“搜索”，事后证明，其抽天价香烟是真的，但所戴的表为其女儿所送，价值1980元；开凯迪拉克上班，查无实证；与开发商周久忠为亲兄弟和其子为建材商，均属子虚乌有。这里面涉及如何保护个人隐私，包括保护像周久耕这样的犯罪嫌疑人的隐私问题，也涉及网络反腐的事实认定问题。退一步来说，如果网络所举的事实让贪官落马还好说，假如让好人“中枪”呢？谁该为此负责?

难怪2013年3月初召开的全国“两会”上，许多代表委员呼吁“公权力改革”的问题，可见这一问题已到了非解决不可的地步。

道破部分官员的天机
——到底在替谁说话？

权为谁用，利为谁谋，这可以说是检验真假共产党人的两条基本标尺，然而，新时期以来，一些共产党员，尤其是一些党员干部，严重违背了党的宗旨和“执政为民”的理念，将党和老百姓的利益完全对立起来，将自己也同老百姓对立起来，损害了群众利益，也败坏了党的形象。郑州市规划局副局长逯军便是其中的一位。

“是替党说话，还是替老百姓说话？”这句出自逯军之口的话一经报道，就引起网上一片哗然，迅速成为网络上的热语。仅仅一天之内，在谷歌和百度上的搜索量就高达100多万条。当时有网友认为，这句话完全可以入选“2009年流行语”，逯军副局长也可以被评为“2009最敢说实话的局长”、“2009最牛的副局长”。

事件的缘由，在于河南郑州市须水镇西岗村原本划拨为建设经济适用房的土地上，开发商们竟建起了12幢连体别墅和两幢楼中楼。接到举报后，中央人民广播电台中国之声记者赶赴郑州进行实地调查采访。采访中记者发现，当地大多数部门对村民们的举报都表现主动，唯独郑州市规划局态度极为冷淡。

规划局信访接待日当天，该记者前往采访。在主管信访工作的副局长逯军办公室里，记者向他出具了信访处理意见书。一看到意见书上某先生的名字，逯军就要求检查记者的采访设备，并拔掉了采访机的话筒。

当记者要求他对出具的信访处理意见进行解释时，逯军却向记者反问道："你是准备替党说话，还是准备替老百姓说话?"记者要求逯军进一步解释这句话的意思，逯军立即把话头岔开，还在已经加盖了郑州市规划局信访专用章的处理意见书上批示：请信访处办理。

所谓话由心生，逯局长这话让人后背发凉。然而看似啼笑皆非的话语，却真实反映出部分官员眼里的"世界"：他们只有部门甚至个人私利，而把党的利益看做是他所在部门的利益，因而当部门利益和老百姓的利益一有冲突时，在他们眼中，也就是党和老百姓的利益冲突。

作为一名副局级的干部，受党培养多年，逮军不可能不知道党和政府的宗旨是为人民服务，党和人民的利益在根本上是一致的这个基本道理，然而逯局长面对媒体说出那句话，初看起来确实令人难以理解。但深入分析后你会发现，这句话里，其实反映的不仅仅是这位副局长的逻辑思维问题，还有更深层次的利益问题。它实质上是以一种威吓的姿态来维护部门利益和个人利益。因为同一块地是建经济适用房还是建别墅，规划局从中抽取的行政规费是不可同日而语的，指斥记者的骄狂实际上是在掩饰自己内心的虚弱。而据媒体进一步挖掘后得知，这些别墅后隐藏着非常复杂的利益纽带，非常复杂的公权背景，及盘根错节的利益关系：别墅开发商天荣置业大股东的丈夫，曾是郑州国土局领导，二股东的丈夫是项目所在区的公安人员，郑州市建委主任的亲戚为开发商提供办公地点……

至此，公众恍然大悟，正因为有了这种公权背景，正因为有了部门利益深陷其中，开发商才敢在建设、国土等政府职能部门都认定其违规后，仍能"义无反顾"地大造别墅，规划局的逯军也才不惜撕破脸皮发出霸道的"替谁说话"论！给逯军壮胆、让逯军失态、促逯军发飙的不是什么官僚作风，而是赤裸裸的金钱利益。深陷利益身不由己，逯副局长恶狠狠地“准备替谁说话”，是对权贵勾结下既得利益的狗急跳墙式的疯狂捍卫。

此次事件中，网友在口诛笔伐之余，还发起“人肉搜索”，将逯军的任职经历、工作大头照都发到了网上，并建议当地纪委、监察部门展开调查，这也充分体现出在网络信息日益发达的今天，网友们依靠自己的能力进行网络监督，积极参与公共事务的热情。当然，希望此类事件越少越好，没有最好。

随意性司法

——“临时性强奸”

强奸就是违背妇女意愿而发生的性行为，怎么还有“临时性”一说？前所未闻呀，可今天的人就是会创新，这不，还有人真的创造了“临时性强奸”这个新词。谁呢？

要搞清楚谁制造了“临时性强奸”一词，需先了解“临时性强奸”事件的经过。

2009年6月10日晚，浙江省湖州市南浔区两名协警在宾馆趁一女子醉酒不省人事之时实施强奸，南浔法院根据犯罪事实，考虑到两人属临时性的即意犯罪，事前并无商谋，且事后主动交代，并取得被害人的谅解，遂酌情给予从轻处罚，判决两被告各入狱三年。网友“辽河鱼”就此事在华声论坛、天涯论坛、网易论坛等论坛发帖称：《“临时性强奸”，祝贺又一新名词诞生了》，以表达对南浔法院判罚的不满，一日之间，有数十万人点击该帖子，“临时性强奸”顿时成了网络热词，激起舆论的广泛关注和讨论。

看罢事情的经过，再回到之前的话题，到底是谁创造了“临时性强奸”呢？是那两名犯罪分子？不是，他们犯了强奸罪，制造的是“强奸”，而不是“临时性强奸”。是那名发帖的网友？也不是。判决书中的“临时性的即意犯罪”被网友概括成了“临时性强奸”这个称谓，用来表达对南浔法院不当判罚的不满和讽刺，但绝不是网友创造了“临时性强奸”。先有“实”，后有“名”；先有了客观存在，后才会有对客观存在的叫法。那是不是南浔法院审理此案的法官创造了“临时性强奸”呢？审理此案的南浔法院的法官可以算作制造了“临时性强奸”的外化人物的代表，但他们是“临时性”起意想出了这个新名词吗？

说到底，是司法不公引发了网民的不满和质疑，才导致了网民对“临时性强奸”的讥讽。网民质疑和舆论讨论的不是“临时性强奸”这个“名”，而是“临时性强奸”所指代的“实”，也就是不当的判罚，亦即是司法的不公正而造成的对司法权威的侵犯和罔顾。根源就在于一些当权者心中的法治观念淡薄，热衷于形式上的“法治”，一旦到处理公事时，却将“权”置于“法”之上，肆意使用公共权力，为我所用，为我释法。考察一下近年来多起引发网民热议的案件：邓玉娇案、“躲猫猫”案、“钓鱼执法”案、孙志刚案，等等，这些案件和“临时性强奸”事件一样，都表现出了一些当权者法治观念的淡薄，随意执法司法，知法犯法问题。

由此可见，是法治观念的淡薄制造了不公，制造了“量刑畸轻”，也制造了“临时性强奸”。这种以法律名义侵犯法律的行为，比直接犯罪更让人胆寒。

官场生态实录

——韩峰日记门

雷锋同志做好事从来不留名，但他把做的好事记在日记里，身后被人发现，流芳百世。如今有位贪官做坏事，也不留姓名，可他把他的日常勾当全都记在了日记里，留下的当然就不可能是芳名。

“9月18日，星期二，21℃～32℃，晴。上午在宿舍。下午先去国大要了个房再去办公室，容××等来，明天他们考专卖员，晚上和他们一起喝了不少的红酒。11点多去国大，小谭早到了，她来月经……”9月26日“晚上小谭要和我做，她29号要结婚了还要和我玩，看来这个女孩真是太野了！……”12月4日“喝多了，小盘也多了，叫她到我房间……”（省略号处为性活动描写）。“又和小盘玩上了，还固定地和谭××玩，还有个莫×待玩，今年真是交了桃花运，女人多了就是要注意身体。”网友总结日记里提到与他有性关系的女人除了谭××、小盘、还有彭×、杨××、李×，这些女人的特点也被“盘点”了出来。

日记显示，在大部分的日子里，他都“喝多了”。2007年9月29日，星期六，“晚上和一帮中层陪交警大队的林政委吃饭，又喝了不少酒”；10月15日，星期一，“晚上厂里的何书记、宋厂长、销售部的所有领导都来了，喝了不少洋酒，多了”；11月26日，星期一，

“中午刘××来，和他们一起喝酒，喝多了，下午睡到晚上”，等等。

日记还记录了两次受贿经历，9月16日，“中午王××叫去桂景大酒店吃饭，就我们俩，他给了两瓶茅台酒和5万元，存了3万，拿2万回去”；9月20日，“陈×到办公室坐一下，给了1万元，李给了2000元”。

这本日记的主人名叫韩峰。

2010年，时任广西钦州市烟草专卖局局长的韩峰，因所写日记流传网络而引发关注，日记详细记载了他的风流韵事及权钱交易。这位局长文笔了得，也几乎有事必录，譬如上班如何开会、下班如何开房，收了谁的多少钱，睡了哪个同事和下属，和谁喝酒又给谁送礼物等等，都在简明扼要、真名实姓的日记里写得清清楚楚。韩峰在落马判刑后面对媒体承认，自己日记里的内容都是真实记录。

看过该日记的人无不感叹道，这是一本活生生的官场生态录！

有人戏言，韩大人的命运，因一本日记而改写了，言下之意，多少还有些惋惜，或者把韩局长栽跟头归咎到那本日记上。这就有点头顶冒火怪癞痢了。试想一想，如果他不干那些吃喝玩乐放纵淫乱行贿受贿的勾当，记日记与他的栽跟头有什么关系呢？如果他的日记里记的是亲民爱民、为民服务的事，记日记与他的栽跟头又有什么关系呢？他的日记，记的是他的腐化堕落，记的是他违法犯罪，即便没有那本日记，他的落马也是早晚的事！

一个生活作风腐化的官员，也多是工作作风浮躁的官僚，也必是容易走向腐败的罪犯，韩峰如此，成克杰、刘志华、陈良宇、李嘉廷、王宝森、胡长清、孙善武、杜世成、庞家钰、陈绍基、许宗衡，及李真、慕绥新、马向东等又何尝不是如此！他们个个都是生活腐化的贪官的典型，追求声色犬马，纸醉金迷。如此一来，正当合法的收入怎么可能填下这个“淫”坑？他们就只有以权换利，搞权钱交易了，到头来，想不犯罪都难啊！

一些官员的生活为什么出现腐化堕落呢？这是一个复杂的问题，个人道德修养和价值观发生问题是原因，但不是根本理由，对权力缺乏有效监督才是问题的要害。

政府的公信力是怎样被损害的？
——解读“长治公考舞弊案”

近二三十年来，中国经济的高速发展令世人赞叹，中国人的日渐富裕也令深陷经济危机中的欧美人大为感慨，然而与之光鲜成就不相对称的是，一直在经济发展中担当重要推手的各级政府却在国人心目中的地位日渐下滑，政府的公信力屡遭质疑：温州高铁追尾事件中，铁道部新闻发言人的“至于你信不信，我反正信了”的无赖答问；深圳飙车致死三人车祸中，公安机关就肇事嫌犯情况的几番回应仍得不到网民的信任，最后只得让嫌犯裸出上身，以验真相，都让政府处于极难堪的境地。也难怪，从前几年的“躲猫猫”、“俯卧撑”到后来的“尝试性自杀”、“休假式治疗”，谁叫某些政府部门的新闻发言人用如此弱智的辞令来忽悠国民呢？俗话说，“一朝被蛇咬，十年怕井绳”，而我等国民被咬的岂止是“一朝”、“两朝”？所以网民对政府提供的哪怕是事后确证为真相的事实，也反复睁着警惕的大眼，以“不相信”、“我怀疑”的态度不断纠问，不能不说是情有可原的。

经我这么一说，有人可能会产生疑问，难道是政府新闻发言人的忽悠辞令造成了政府公信力的损伤滑落？我认为答案应该为：是，也不完全是！何谓是？新闻发言人代表的不是他个人的想法，而是某个公权机关意志和意见的体现，他的言行事关公权机关的形象，因而从某个程度上来说，他的“昏”也就是政府的“昏”；那又何谓不完全是呢？事情很明显，新闻发言人只不过是一个展现公信力的符号，他的辞令当然具有提升或损害政府公信力的作用，但更为关键的是，权力机关的所作所为岂是完全依凭新闻发言人的那一张嘴皮所能推介或掩饰得了的？就此而言，有或没有这个新闻发言人于政府的公信力并无大的关系，不是有一句俗话叫做“事实胜于雄辩”吗？政府自身的作为才是提升或损毁公信力的关键。“长治公考舞弊案”中所透露出的某些细节就很能说明这个问题。

什么是“长治公考舞弊案”？

2011年4月至7月，27岁的吉林大学硕士毕业生宋江明参加了山西省公务员录用的笔试和面试，8月11日，他又以所填报岗位（长治市环保局“科员2”岗位）两项测试总分第一的成绩顺利参加了长治医学院附属和平医院承办的体检。然而，8月15日，长治市人社局通知宋江明，他的部分体检指标不合格，需复查。次日，宋江明按要求参加了体检复查，仍被告知“血红蛋白”不达标，亦即是体检不合格，宋最终被刷下，第二名依次递进。

此事于宋江明无疑是当头一棒。为了查明自己身体到底是否有问题，他随后自行前往三家医院作了四次体检，此前被告知低于相关标准的“血红蛋白”指标，都显示符合标准，并且他后两次去验血的医院，正是为他作“公考”体检和复查的长治医学院附属和平医院。于是，他对招考的体检环节提出了质疑。

11月9日，《中国青年报》以《宋江明求职验血记》为题对此事进行了报道，由此揭开了长治市公务员招录违规事件的冰山一角。此文一出，立即在网上掀起轩然大波，长治市纪委随即介入其中，展开调查。

经查实，长治市纪委发现此次“公考”过程确实存在严重的舞弊行为。11月15日，长治市人社局撤销了原录用决定，重新录取了宋江明。

2012年1月16日，山西省纪委、监察厅通报了长治公考舞弊案的调查情况，结果显示，共有10人受到党纪政纪处分，其中8人涉嫌犯罪被移送司法机关处理。

3月20日，山西省长治市郊区检察院对长治市人社局副局长、此次“公考”领导小组办公室主任赵波涉嫌受贿、招收公务员徇私舞弊，长治市人社局公务员管理科科长吉新瑞涉嫌受贿、玩忽职守，递补考生之父贾志红涉嫌行贿，长治医学院附属和平医院健康体检科主任韩玉梅、健康体检科检验师杨文芳涉嫌滥用职权罪提起公诉。公诉表明，赵波、吉新瑞收受了贾志红的贿赂后，为所欲为地作弊徇私，而长治和平医院的韩玉梅和杨玉芳违反职业道德，故意篡改体检数据，客观造成了这起舞弊重案的产生。

4月25日，此案在长治市郊区法院作出一审判决：赵波、吉新瑞分别被判处有期徒刑11年和1年零6个月；贾志红被判处有期徒刑1年零6个月，缓期2年执行；韩玉梅被判处有期徒刑1年，杨文芳被判有期徒刑6个月，缓期1年执行。

至此，此案件的审判已基本尘埃落定，正义和公平似乎得到了回归，但事实上，此案给政府机关的公信力，尤其是在公务员录用这样重大事项中的公信力的损害，却像刀痕一样，深深地刻在了国人的心中。

那么政府的“公信”是如何被践踏的呢?

首先，在某些炮制者的手里，政府危机公关中的“说明”竟是如此的信口雌黄、混淆视听、避重就轻。

2011年11月9日，《中国青年报》报道了宋江明求职验血记的情况后，长治市行政机关招考公务员工作领导小组办公室见此事引发网民热议，遂于第三日向人民网发来《关于考生宋江明体检不合格情况的说明》(以下简称《说明》)。《说明》分四点，回应了网民的质疑。

第一点认为，（宋江明）“8 月 17 日进行复检后，该项指标（指血红蛋白）仍不在标准范围内”，于是“根据人社部、卫生部《公务员录用体检操作手册》总则第 3.7 条”之规定，“体检医院做出了‘不合格’的体检结论”。这是地道的自欺欺人式的说辞，因为一则该领导小组的办公室主任就是赵波，也即是说，接受了他人十万元的贿赂，一手制造了这起作弊事件的人即是《说明》的签发人，这本身就是一个掩耳盗铃式的滑稽桥段；二则《说明》混淆视听，只陈述宋江明的“血红蛋白”指标“不在标准范围内”，而恰恰避开了为什么不在该标准范围内的这个关键性的问题，以掩盖真相，欺蒙网民。

第二点认为“体检工作中严格执行了国家有关规定”。《说明》从人社局与长治和平医院鉴定《体检责任书》、培训体检医生、为体检考生编号、邀请纪检监察部门全程监督等方面解释了他们的“严格”，而对如何保证检测数据的科学、真实这个关键性的问题闭口不谈，以避重就轻，转移网民的视线。

事后的调查结果表明，这份冠冕堂皇的“说”“明”全是自欺欺人的太极虚招，掩盖的是事情的真相。堂堂政府机关发出如此失真失信的文件，其公信力又怎能不大受其害?!

其次，在某些权势者的眼里口里，政权的公权竟是可以如此随意地玩弄、强奸。

作为长治市人社局副局长、市行政机关招考公务员工作领导小组办公室主任，赵波手中的权力缺乏有效的监督。当得知宋江明第一次体检不合格后，作为掌握重要信息的他将这一情况告诉给递补生贾美玉的父亲贾志红，同时收受了贾志红的十万元银行卡；当在和平医院看到宋江明的复检结论为“合格”时，他厉声质问韩玉梅：“短短数天，体检数据为何能相差这么大?”迫使韩玉梅篡改了体检报告单，并在原本合格的结论前写上了“不”，从而促成了这起舞弊案件的发生。

一句话就可改变一项科学检测的结论，权力滥用至此，再谈什么政府公信，岂非奢想?

最后，在某些专业人士的笔下，科学、真实的数据竟是可以如此随意地篡改、捏造。

宋江明的第一次体检结果“十分异常”，血红蛋白为60g/L，而成年人的正常数据一般在120g/L以上，院方自然给出不合格的结论。据韩玉梅分析，这可能是因为血样“被污染”的缘故而导致的。但六天后，当宋江明的复检结果为血红蛋白150g/L，其他数据也都正常时，韩玉梅却在赵波的压力下，指使杨文芳篡改了两份体检报告单，“第一份的数据调高了些，第二份的调低了些”。当宋江明的血红蛋白被篡改至88g/L，韩玉梅依据医学常识仍判断为合格时，赵波的一句“只要血红蛋白低于90g/L，哪怕就低0.01，也是不合格”的话，终于使她彻底放弃了医务工作者的职业操守，从而为宋江明的体检结果签上了“不合格”三个字。随后在媒体曝光此事后，她还组织、指使他人删除体检数据，破坏血常规检验仪器，烧毁数据存储器，订立攻守同盟，这时候，她已从一个没有作案动机、也未从中捞取任何好处的“无辜人”，彻底变成了参与作案的罪犯。

一个从业十几年的专业人士在一个毫不懂行的权要面前，竟是如此对待自己的专业结论，科学的数据已成为权要随意摆弄的玩物，这对于整天把“科学”当作口头禅的中国当代知识分子来说，该是一个多大的嘲讽！按照韩玉梅的说法，她之所为，乃是“为了维护医院的公信力”，可实际上，这样通过篡改、捏造事实而维护的除了某些官员的个人意志之外，哪里还有什么公信力呢?!

“长治公考舞弊案”已经水落石出了，但它留给我们的思考还有很多。

后　记

大约八年前，当网络开始播扬社会中的人和事，并呈现它的舆论力量的时候，我们即着手关注这一新的社会现象，着手观察网络世界的波翻浪涌，并收集其间涌现出来的网词网语，以借此来反映民情民意及各种社会现象和社会心理。

众所周知，网络世界日新月异，可以说，世界有多大，网络就有多大，社会有多复杂，网络就有多复杂；网络信息又是理性和感性并存的，它既释放着逻辑分析的力量，也发泄着个性感官的情绪；网络空间还是真相与谣言共处的，在那里，真相有可能被假象包裹，谣言有可能比自然还朴实。如何披沙拣金，去伪存真，这对于我们这些从事新闻学和语言学教研的人来说，是要有点火眼金睛的功夫的，而且也确实下了一番探究的功夫。当然，效果如何，还需要读者诸君，尤其是广大网民予以评说、指正。“民间自有高人”，这是我们这么多年来观察“网事”所得出的深切感受。

一句话，历史是大家创造的，我们只不过是做了拾麦穗的人而已。

需要说明的是，网络是公开的，无障碍的，这里所记录、评述的网事，都是网民创造的过往的历史，一些评论观点也是网民或媒体曾表达过的，我们绝无掠人之美之意，只是由于行文需要，我们没有一一标列出来，这是我们深感歉疚，也是需要深表感谢的！如有机会，能在场与大家交流，最好能当面向大家表示感谢，那就太有幸了！

还有，当代人评说当代的人和事其实是件很难的事，弄不好，“拍砖”错了，伤了无辜，这是我们绝不想看到的。如真有其事，又是因我们拿捏不当而引起，责在我等，还望海涵，并企以后改正了。